Crear Después del Abuso

Cómo Sanar del Trauma y Seguir con Tu Vida Cuando
Todo Lo Demás Ha Fallado

por la

Dra. Lisa Cooney

Crear Después del Abuso

Cómo Sanar del Trauma y Seguir con Tu Vida Cuando
Todo Lo Demás Ha Fallado

por la

Dra. Lisa Cooney

ACCESS CONSCIOUSNESS PUBLISHING

DEDICATORIA

Este libro está dedicado a aquellos que han vivido con una "jaula invisible" sobre y alrededor de ellos y están listos para deshacerse de esa jaula, aceptando que ellos (tú) son la llave.

Tú eres la llave para liberarte de absolutamente cualquier cosa. ¡Tu elección de no ser víctima de los inventos que te impiden Vivir Tu ROAR!

Ahora, más que nunca, es el momento de crear DESPUÉS del abuso y dejar de permitir que el pasado dicte tu futuro.

¿Qué tal si todo en tu pasado fuera una posibilidad de crecimiento postraumático? Eso es lo que estoy eligiendo.

Estoy eternamente agradecida a Access Consciousness®, a ThetaHealing™, y a todos los que han contribuido a ROAR ahora y en el pasado.

¡Y a ti, el lector! ¡Creemos el mundo que sabemos que es posible!

RECONOCIMIENTOS

Este libro tuvo un largo, largo período de gestación. Ahora me doy cuenta de que tuve que "ponerme" a crear mi vida y mi negocio después del abuso. Y me llevó algún tiempo hacerlo. Estoy agradecida por las subidas, por las bajadas y por este libro que me ha guiado con tanto amor.

Me enorgullezco de mí misma por no haberme dado nunca por vencida con mi vida ni conmigo misma. Estoy tan decidida a mostrar una posibilidad diferente de sanar y crear, después de décadas de abuso en sus múltiples formas.

Cuando las personas identifican la jaula en la que han estado viviendo, y bajo la que se encuentran, comienzan a abrirse nuevos paradigmas para sanar el abuso y, posteriormente, para crear después del abuso.

Reconozco que todos tenemos un don, una idea y una contribución para los cambios y la sanación en este planeta. Este libro es una parte de eso para mí. Te doy la bienvenida a tus propias creaciones y espero que este libro te impulse a hacerlo también. El abuso no es el final, es un comienzo para crear tu vida como algo nuevo ahora.

Así que adelante, ¡ponte a crear! Así es como eliminamos el abuso. No nos detenemos, crecemos más allá de él y vivimos, en verdad, con nosotros mismos.

¿Qué otras elecciones son posibles? ¿Y cómo puedes elegirlas ahora?

Tabla de Contenidos

Prólogo por
el Dr. Dain Heer

De vez en cuando aparece un libro que redefine toda nuestra realidad. *Crear Después del Abuso* es un libro así.

Estoy encantado de que tengas en tus manos un ejemplar.

En esta época, en la que no podemos leer un periódico o encender las noticias sin escuchar una historia sobre un joven que se suicida, como resultado del abuso que experimentó, este libro es desesperadamente necesario. Proporciona herramientas dinámicas e inspiración para guiarte realmente más allá del abuso.

En este libro, la Dra. Lisa Cooney comparte brillantemente sus experiencias personales de abuso intenso mientras te muestra que hay un camino que te lleva a salir de la jaula del abuso, más allá de ser sólo un sobreviviente de esto, y a crear una vida próspera para ti.

Conozco a la Dra. Lisa a través de la comunidad de Access Consciousness®, ya que es una Facilitadora Certificada de Access. Su formación en sanación energética, espiritualidad y consciencia, junto con su trabajo en hipnoterapia, su máster en terapias psicológicas y su doctorado en Psicología, además de su valor, sentido del humor y compasión, la convierten en la persona perfecta para llevarte de la mano y acompañarte por este camino.

Lisa experimentó un abuso tan intenso cuando era niña, que haría que muchas otras personas detuvieran su vida en seco y crearan un ciclo repetitivo de victimización y abuso. Sin embargo, ella decidió no rendirse.

11

Conociendo mi experiencia personal pasada con el abuso, me pidió una sesión privada para acelerar su propio proceso de cambio en esta área de su vida.

Cuando hago una sesión con alguien, mi primera pregunta es: "Si pudieras tener algo de esto, ¿qué sería?". Tanto la respuesta de Lisa como su disposición a tenerlo me sorprendieron.

He trabajado con miles de personas en los últimos 14 años. Así que he hecho esta pregunta muchas, muchas veces. La mayoría de las personas que piden un cambio importante tienen algún tipo de reserva en sus mundos sobre su voluntad de recibirlo realmente. Energéticamente, es como si lo quisieran, pero quieren que otro se lo dé en lugar de elegirlo.

Cuando le hice esta pregunta a Lisa, me dijo: "Ya estoy harta de cómo eran las cosas antes. Estoy harta de ir hacia atrás. Exijo ir hacia adelante con todas mis capacidades y habilidades AHORA". Y yo sabía que lo decía en serio. No tenía reservas. Estaba lista para elegir y recibir todo lo que pedía en ese momento.

Eso es exactamente lo que Lisa te invita a hacer con este libro. Ella quiere que tengas la consciencia de que tú también puedes avanzar para ser todo lo que eres, incluso habiendo experimentado lo peor que esta realidad puede ponerte en el camino.

Utilizando todas las herramientas que tiene de su trabajo como doctora en psicología, combinadas con las herramientas dinámicas y pragmáticas de Access Consciousness®, Lisa está abriendo la puerta para que tengas una opción totalmente diferente - SI ELIGES ir allí.

El abuso no es un tema fácil de discutir en el mejor de los casos. Y mucho menos escribir un libro que cubra adecuadamente un punto de vista dinámicamente diferente.

Al leer este libro, espero que te introduzcas en algo que refrescará, renovará tu perspectiva en esta área y también te dará una nueva y profunda consciencia de lo que es realmente posible para todos nosotros.

¿Y si ahora es el momento?

Dicho esto, querido lector, te invito a que empieces a leer y a "Crear Después del Abuso".

Dr. Dain Heer
Houston, Texas
Co-Fundador de Access Consciousness®
Autor de Best- Sellers, "*Siendo Tú, Cambiando el Mundo*"

La Dra. Lisa desea reconocer el poderoso y potente trabajo de **Access Consciousness**™ y específicamente a su fundador, **Gary Douglas**, y su co-creador, **Dr. Dain Heer.**

El alcance global de su trabajo ha beneficiado a un infinito número de personas, cuerpos la tierra y el mundo.

La Dra. Lisa está llena de gratitud por su contribución personal y profesional. Gracias.

INTRODUCCIÓN

Pasé gran parte de mi vida adulta buscando formas de sanar el abuso.

Como la mayoría de las personas que conozco que buscan sanar el abuso, buscaba fuera de mí, sin darme cuenta de que yo ya era el recurso para mi propia sanación. Siempre pensé que, si iba a un curso de formación más, contrataba a un terapeuta más, aprendía de un maestro más, encontraría mágicamente la clave. Sin embargo, la clave para sanar el abuso ya está dentro de ti. La mentira que te han contado hasta ahora es que la sanación es algo que tienes que encontrar fuera de ti. Si has estado buscando una respuesta fuera de ti, en este libro vamos a explorar un modelo totalmente diferente. Voy a mostrarte que hay una manera, no sólo de ir más allá de la historia de abuso, sino de vivir una vida que se sienta "radicalmente viva".

Hay una serie de mitos que puedes haber comprado sobre transformar el abuso y este libro va a disiparlos también:

- ➢ **El primero es que tienes que hacerlo solo.** Si te has creído la "mentalidad de sobreviviente", probablemente estés acostumbrado a batallar e intentar hacerlo todo tú solo. Parte del nuevo paradigma de la sanación del abuso es reconocer que no tienes que hacerlo.

- ➢ **El Segundo mito, que puedes haber comprado es que no hay elección.** Con esto quiero decir que no hay elección en tus acciones y reacciones automatizadas que se derivan del abuso. Como destaco constantemente, a lo largo de este libro, en cada momento siempre hay una elección. Es sólo que, hasta ahora, puede que no hayas sido consciente de que tenías una elección, y mucho menos de cómo hacer una diferente. No hay nada más importante en este mundo y en tu vida que elegir una posibilidad más grandiosa para ti.

Mi enfoque es nombrar lo que no se ha nombrado de una manera directa, real y compasiva. Me refiero a las muchas formas de abuso que aún hoy se toleran y perpetúan.

Cuando hablo de abusos, no me refiero sólo a las formas más conocidas de agresión física y sexual. También me refiero al trasfondo de formas socialmente aceptables en las que nos manipulamos, controlamos y oprimimos unos a otros. De hecho, hay muchas caras del abuso. Entre ellas se encuentran las formas pasivo-agresivas con las que hemos aprendido a comunicarnos entre nosotros como raza humana. Alguien puede decir que está bien, que no te preocupes, mientras se comunica en un tono que implica que no está bien y que te hará pagar por ello más tarde. O alguien te dará amor y atención siempre que hagas exactamente lo que esa persona quiera que hagas y en el momento en que digas o hagas algo que no le guste dirá que no con la cabeza, se apartará de tí y no te dirigirá la palabra. Puede que te digan que puedes elegir, pero te castiguen si no eliges lo que ellos tenían en mente.

La consecuencia de esto es que muchos de nosotros estamos dentro de lo que yo llamo la "Jaula del Abuso", sin siquiera saberlo. La jaula, que exploraremos a lo largo de este libro, es una especie de "escudo invisible" en el que los sobrevivientes de abuso se envuelven inconscientemente. A menudo, las personas que han sufrido abusos ni siquiera son conscientes de que viven, a diario, dentro de esta jaula. Lo único que conocen es una sensación de limitación, de pesadez y de densidad. Las cosas no se sienten tan brillantes como podrían. Y no saben por qué. Algunos pueden culpar a la enfermedad crónica, o a la depresión, o a otra cosa.

No importa si el abuso que experimentaron es de naturaleza sexual, física, espiritual, financiera o emocional, o si fue un solo evento o una serie de incidentes.

En cualquiera de estos casos, arrastramos un profundo sentimiento de incorrección que está mal colocado desde el principio. Pertenece al agresor, pero lo asumimos como propio. Entonces creamos nuestras vidas a partir de este estado interno de incorrección. El resultado de todo esto es que acabamos dando mucho poder al autor del acto de abuso y muy poca consciencia a nosotros mismos.

Si has sufrido abusos, lo más probable es que hayas aprendido estrategias que te ayuden a sobrellevar, tolerar y funcionar dentro de ese entorno abusivo. Por ejemplo, si te dijeron que te callaras cuando empezaras a hablar, lo más probable es que aprendieras a hablar menos o a hablar sólo cuando estuvieras seguro de que todo el mundo estaba de acuerdo. O si cuando estuvieras contento y muy entusiasmado alguien viniera y te dijera que bajaras el tono y te controlaras, podrías aprender que la felicidad y el entusiasmo están mal o que molestan a la gente. Metafóricamente, aprendemos a doblarnos, plegarnos y mutilarnos para encajar en la jaula. Por ejemplo, sólo seremos felices si la gente que nos rodea lo es, o no veremos las cosas como realmente son y, en cambio, fingiremos que todo está bien (incluso cuando sabemos que no lo está), o renunciaremos a los sueños y deseos por los cuales otras personas nos juzgarían.

Hasta que no seamos conscientes de los sistemas de creencias y limitaciones que hemos asumido dentro de esta jaula, seguiremos atrayendo nuestra vida desde este lugar y tomando decisiones desde este lugar.

> ➤ Si creemos que no somos lo suficientemente buenos para ser amados tal y como somos, permitiremos que entren en nuestra vida personas que nos juzguen o critiquen del mismo modo que lo hicieron nuestros padres.

> ➤ Si creemos que hay algo malo en nosotros, encontraremos personas que sienten lo mismo.

➤ Si creemos que cada vez que somos felices ocurren cosas malas, atraeremos a personas que se sienten amenazadas por nuestra felicidad y nos castigan por ello.

➤ Si creemos que todo lo que ha pasado es culpa nuestra, encontraremos personas que no se responsabilizan de sus actos y han aprendido a culpar a los demás por hacerles comportarse.

Hasta que no seamos conscientes de ello y salgamos de ahí, que es lo que te enseño a hacer en este libro, sufriremos. Es cuando lo hacemos consciente cuando podemos empezar a elegir.

Eso requiere persistencia y determinación, lo que me gusta llamar tenacidad de consciencia, para reconocer la jaula en la que has estado viviendo y que hasta ahora te ha mantenido en la historia interminable del abuso, la discapacidad y la limitación como tu realidad. Mi objetivo es ayudarte a que te des cuenta de que tienes la capacidad de crear una nueva realidad y de elegir desprenderte de las viejas estructuras y mentiras que hasta ahora te han mantenido en la jaula.

CÓMO FUNCIONA ESTE LIBRO

Este libro te va a ayudar a salir de tu jaula invisible. Pero antes de hacerlo, tienes que reconocerla y abrazarla y saber que está ahí. Mi enfoque es nombrar lo que probablemente, hasta ahora, ha permanecido sin nombre para ti. Una vez nombrada la jaula, puedes verla. Puedes sentir sus aristas y sus barrotes, y puedes salir de ella. Antes de que sepas que está ahí, te retiene dentro de ella y moldea cada una de tus elecciones, cada uno de tus movimientos, cada uno de tus pensamientos. Da forma a tu realidad y a tu percepción de ti mismo.

Si has estado viviendo tu vida dentro de la jaula hasta ahora, probablemente has asumido que esa era tu única opción. De hecho, para la mayoría de las personas con las que he trabajado, la idea de la elección ha parecido al principio confusa. Nos han vendido el mito de que, por haber sufrido abusos, nuestras vidas estarán siempre llenas de sufrimiento. Es probable que tu vida, hasta ahora, te haya proporcionado muchas pruebas de que esto es así. La elección, posiblemente, es una posibilidad que ni siquiera te hayas planteado.

Sin embargo, este libro no solo te va a mostrar cómo elegir de manera diferente, sino que también te va a dar las herramientas para hacerlo.

Es posible que ya hayas invertido una cantidad fenomenal de tiempo y energía, tratando de sanar del abuso. Quizás, hasta ahora, no has visto los resultados que deseabas. He descubierto que muchas herramientas y prácticas tratan de arreglar o curarse a sí mismo y recuperar algo que supuestamente se ha perdido. El modelo de la terapia tradicional nos enseña que debes "arreglarte" para ser libre. Cuando adoptas este modelo, asumes que hay algo malo en ti y buscas soluciones para arreglar el problema. Se convierte en un pozo sin fondo del que nunca llegas al final porque nunca te sientes arreglado o completo. Es posible que te hayas encontrado dando vueltas en círculos similares, preguntándote si alguna vez terminará y esperando el día en que finalmente te sanes.

Como alguien con un doctorado en psicología, veo las creencias, y las limitaciones de esas creencias, de lo que se necesita para sanar del abuso hoy en día operando en el mundo de la psicología tradicional. Pero también veo más allá de las limitaciones del paradigma actual de la sanación del abuso. Mi invitación para ti es que me acompañes más allá de los muros del paradigma existente y hacia un nuevo paradigma de Vivacidad Radical.

Este libro le dará la vuelta al viejo paradigma de tratar con el abuso. Descubrirás que no necesitas recuperar nada ni arreglar nada. En cambio, compartiré contigo cómo elegir un estado de ser completamente diferente. Aprenderás a tomar la decisión de terminar con el acto o la continuación del abuso, y no permitir más que ese acto, o serie de eventos, domine toda tu vida.

El modelo de vivir Radicalmente Vivo que te presento en este libro requiere una elección y una consciencia constantes. Es una elección para no definirte por lo que te pasó, una elección que este libro te ayudará a hacer en cada momento de cada día. Lo que comparto contigo aquí va más allá de la búsqueda de soluciones rápidas o de la sanación de la noche a la mañana. Es una práctica continua de consciencia plena, en la que te haces consciente de la elección dentro de ti mismo en el momento presente y estás disponible para elegir nuevas posibilidades.

Voy a articular la experiencia del abuso de una forma que probablemente sea nueva para ti, poniendo en palabras los pensamientos, sentimientos y estrategias de superación no expresados. No es diferente a aprender un nuevo idioma. Sin embargo, cuando lo escuches, probablemente sentirás una sensación de alivio que te abrirá las puertas a una nueva forma de percibir el mundo. Esto, en sí mismo, puede crear un tremendo cambio en su percepción y realidad.

Gran parte de nuestro trabajo juntos comienza con la toma de consciencia. En la primera parte, veremos lo que es a nivel interno, examinaremos lo que yo llamo las cuatro Des[1] que pueden haber estado causando que te retires: Negar, Defenderse, Desconectarse y Disociarse, y exploraremos algunas de las emociones familiares como la vergüenza, la ira, la rabia, la tristeza y el miedo que acompañan a los abusos. En la segunda parte, veremos cómo el abuso sigue moldeando e impactando tu vida externamente, incluyendo tu salud y cuerpo, tus relaciones y sexualidad, y tu dinero y carrera. Y finalmente, en la tercera parte, veremos cómo ir más allá del abuso y entrar en una vida de Vivacidad Radical. Iniciaremos una conversación revolucionaria de esperanza, mostrándote cómo puedes acceder a una nueva forma de vivir. Descubrirás cómo cambiar para que ya no estés operando desde el viejo marco de lo que hubo antes (el pasado) sino, en cambio, experimentando la vida desde un nuevo estado de consciencia y

---

[1] *N. del T. Las 4 Des, por sus siglas en inglés: Denying, Defending, Disconnecting and Dissociating*

conocimiento. Serás capaz de estar más presente y dejar los patrones familiares de "evadirte" que, en su esencia, es una forma de estar ausente en tu vida.

Exploraremos todo lo anterior en el contexto de salir de las aristas de la jaula del abuso y entrar en la Vivacidad Radical, donde ahora estás generando y creando una vida para ti mismo que está más allá de cualquier cosa que puedas imaginar.

PARTE UNO:

Encerrados En la Jaula Del Abuso

Capítulo Uno

La Jaula Invisible

¿Te levantas por la mañana y empiezas a repasar la letanía de cosas que no están bien en tu vida o que lo hiciste mal ayer? Todas estas son formas de auto-juicio, una de las características de la "jaula invisible". La ironía es que lo único que está realmente mal cuando haces esto es que te estás juzgando a ti mismo.

El juicio es una energía insidiosa pero sutil. Cuando lo utilizas contra ti mismo, te conviertes en tu propio carcelero eterno, atrapado en la falsa creencia de que eres defectuoso, errado y que careces de valor. Si sigues pensando que algo está mal todo el tiempo, entonces vas a crear y manifestar que lo está, para poder demostrar que tienes razón, al menos en eso. Hay una parte de nosotros a la que le gusta verificar lo que hemos considerado negativo. Es una sensación familiar a la que nos acostumbramos a llamar "hogar".

El reto del juicio es que no permite la libertad y la expansión de mayores posibilidades. En su lugar, te mantienes pequeño y luchando, yendo contra la corriente.

Superar el juicio es uno de los componentes clave para salir de la jaula invisible y superar las garras del abuso. A lo largo de este libro, vamos a explorar los juicios que te infliges a ti mismo y a los demás, así como los resultados involuntarios, pero directos, que a menudo se crean como consecuencia. Luego, descubriremos las formas en que puedes ir más allá de ellos para que estés creando desde el "ahora", en lugar de hacerlo desde tus experiencias pasadas.

Conozco bien el camino.

Y tú sólo tienes que seguir la luz.

MI HISTORIA

"¿Estás bien?", me preguntó.

Parecía una pregunta sencilla. Pero la verdad es que era la primera vez que alguien me lo preguntaba. En ese momento tenía 21 años.

Hice una pausa y consideré su pregunta. La respuesta, por supuesto, era un *no* rotundo. Realmente no estaba bien. Y mientras estaba sentada en el consultorio de mi psicólogo especializado en violencia familiar, me pregunté si alguna vez había estado bien.

Ese momento fue un punto de inflexión, uno que iba a comenzar un viaje fenomenal, no sólo para sanar mis propios problemas de abuso, sino para ayudar a innumerables personas de todo el mundo a hacer lo mismo. Fue como si alguien viera por fin más allá de mi fachada, mi velo atravesado. Ya no podía esconderme del dolor ni apartarlo. Me puse a llorar por primera vez en años. Mucho antes había aprendido que no era seguro llorar. Era algo que no me habría atrevido a hacer cerca de mi madre, ya que las consecuencias eran demasiado graves.

Hasta ese momento, había vivido en una jaula invisible. No una jaula real, por supuesto, una metafórica. Si estás atrapado en un patrón de abuso en este momento de tu vida, o lo has estado en el pasado, probablemente sabrás a qué me refiero. Es algo con lo que las decenas de miles de personas que han conectado conmigo a través de mi trabajo y mi programa de radio también han podido relacionarse: la jaula invisible y a menudo indefinible que crea el abuso. Es el opresor silencioso desde el que acabamos definiéndonos.

Hasta ese momento, mi vida había sido una diatriba de abusos físicos, emocionales y sexuales casi interminables. Era prácticamente todo lo que conocía. Hoy en día, puedo compartir mi historia desde un lugar totalmente diferente de sanación, teniendo en cuenta que -aunque soy lo suficientemente consciente de mis detonantes emocionales para elegir de manera diferente- todavía tengo que utilizar las herramientas y técnicas que se ofrecen aquí a veces. Nada sucede de la noche a la mañana y es un proceso continuo.

Al igual que muchos niños que sufren abusos, los míos proceden de numerosas fuentes. Pero fueron las experiencias con mi madre las que tuvieron, por lejos, el mayor impacto.

Al crecer, nos enseñaron a no decir nada sobre lo que pensábamos o lo que sentíamos. Si lo hacíamos, literalmente nos golpeaban y torturaban. La rabia de mi madre estaba alimentada por un trastorno de la personalidad no diagnosticado. No es casualidad que más tarde acabara estudiando psicología y fuera yo quien finalmente la diagnosticara.

Aunque llegué a obtener un doctorado, la percepción que mi madre tenía de mí, y su comportamiento hacia mí, me hicieron creer que era, de alguna manera, estúpida, y fue una creencia que me acompañó durante toda la infancia. Ningún ámbito de mi vida estaba protegido de sus patrones. Un ejemplo fue cuando estaba aprendiendo a escribir. Mi madre me golpeaba en la cabeza si no podía mantenerme dentro de las líneas del papel. Su actitud hacia mi aprendizaje hizo que en la escuela fuera totalmente introvertida. ¿Conoces a esos niños que siempre están soñando despiertos y solos? Esa era yo.

Cuando pienso en mi estado emocional de entonces, la mejor manera de describirlo sería decir que no tenía ninguno. Aprendí muy pronto que era más seguro encerrarse. Rara vez hablaba con alguien y estaba totalmente aislada. Incluso cuando usaba mi imaginación, siempre era contra mí misma. Me sentaba en nuestra casa de piedra rojiza de Brooklyn mirando la chimenea, imaginando que las llamas eran demonios que salían a atacarme.

Los incidentes que afectaron a mi educación y aprendizaje fueron leves en comparación con otros problemas a los que me enfrenté. En algunos de los momentos más fuertes de mi madre, se perdía en un ataque de ira y me golpeaba literalmente. Hubo momentos en los que me arrastró por el suelo sujetándome de mi cabellera. Yo me mojaba los pantalones mientras ella lo hacía. Mi vida se parecía mucho a la de un animal en modo de supervivencia, cuestionando constantemente su seguridad de un momento a otro.

Como muchos niños que se enfrentan a una situación como la mía, fantaseaba continuamente con la idea de morir o de irme de casa, cualquier cosa para escapar de la tiranía de mi madre. Me recostaba e imaginaba todas las formas posibles de morir. La única razón por la que no acabé con mi vida fue porque tenía demasiado miedo de hacerlo. Mi único intento de suicidio se produjo más adelante, cuando intenté ponerme delante de un autobús, pero no lo conseguí. Fue como si algo me hubiera hecho retroceder, aunque no había nadie cerca en ese momento. Ese momento fue una de las mayores llamadas de atención que tuve en la vida, una que me puso en un camino para sanar y, con el tiempo, me llevó en muchas direcciones. Hice mi doctorado en psicología y, finalmente, me llevó a explorar modalidades alternativas que tratan con el mundo espiritual, incluyendo Hipnoterapia, Chamanismo, Theta Healing y Access Consciousness®. Cada una de ellas me proporcionó herramientas y técnicas para cambiar mi consciencia y avanzar hacia la plenitud.

Uno de los descubrimientos más importantes que hice en este proceso de sanación fue la existencia de la "jaula invisible".

DEFINIENDO LA JAULA

Digo que era invisible, porque, aunque vivía dentro de ella, una prisionera silenciosa, ni siquiera era consciente de que existía. Tardé décadas en ponerle nombre, y mucho más en darle forma de mensaje que pudiera compartir con el mundo. Sin embargo, cada vez que hablaba de la jaula invisible con alguien que había sufrido abusos, una mirada de reconocimiento, a menudo de alivio, recorría su rostro. Puede que tú mismo estés teniendo una experiencia similar ahora mismo mientras lees estas palabras.

Tu jaula es como un fantasma que te susurra continuamente al oído. Te susurra cuando tienes problemas. Sin embargo, cuando la vida es buena, no se detiene. De hecho, en esos momentos es probable que se haga más fuerte, porque vivir dentro de los límites de la jaula te mantiene retenido en un lugar que te resulta familiar. Hay una extraña comodidad en los confines de la jaula, por mucho que desees vivir más allá de ella.

Vivir dentro de la jaula es vivir sin voz. Puedes hablar y funcionar en el mundo, pero hay una parte de ti que está aislada, silenciada y apartada de la realidad. Una parte que vive dentro de ti, amortiguada, desplomada y adormecida.

La jaula también convierte cada punto de conexión que tienes en tu vida en algo destructivo. Te mantiene fuera de la posibilidad de lo que puedes generar y crear y te limita a una "realidad sin elección".

La jaula se basa en la carencia, la limitación y la mentira. Ponemos nuestro dinero y carreras, nuestras decisiones de vida, nuestras relaciones y todo lo demás en la jaula, y actuamos y reaccionamos desde dentro de ella. Alejamos a la gente. Decidimos no elegir un negocio que podría ser fructífero. Rechazamos relaciones que tienen el potencial de apoyarnos de manera amorosa y positiva. Nos preguntamos por qué nos estamos autosaboteando, cuando lo que realmente estamos haciendo es operar desde lo que la jaula está diseñada para hacer: luchar contra la vida y decir "no" desde un lugar de miedo y contracción en lugar de abrazar la vida y decir "sí" desde un lugar de expansión. Sacamos conclusiones sobre la vida sin ni siquiera hacer preguntas. Reaccionamos desde nuestra experiencia de abuso y mantenemos la experiencia viva como resultado. Por ejemplo, podemos pasar por delante de alguien en la calle que no conocemos e inmediatamente nos sentimos amenazados y asustados y empezamos a entrar en shock sin saber por qué. Resulta que llevan la misma colonia que llevaba un abusador cuando éramos niños.

El dolor de vivir dentro de la jaula puede ser tan grande que a veces elegimos no habitarla en absoluto. En el peor de los casos, la muerte puede parecer la única salida y podemos considerar el suicidio. Al igual que muchos que han perdido las ganas de vivir, a menudo estuve rodeada de otros que se suicidaron. Esto continuó hasta bien entrada la edad adulta, hasta que experimenté una transformación monumental de mis propios problemas.

A menudo, cuando no podemos hacer desaparecer a la bestia que tenemos dentro de la jaula, nos adormecemos o "nos alejamos" para evitar su dolor. A menudo hacemos este tipo de comprobación a lo largo del día, en esencia viviendo como una cáscara de nosotros mismos. Podemos recurrir a la comida, el alcohol, las drogas o la medicación para evadirnos más profundamente. Incluso podemos tener "accidentes", algunos menores, como cortarnos el dedo con el cuchillo mientras cortamos tomates para la ensalada, o chocar con alguien en el estacionamiento, y a veces cosas peores. Estas cosas pueden ocurrir porque, en un nivel inconsciente, nos estamos saboteando a nosotros mismos y tratando de llamar nuestra atención, de despertarnos. Una vez que dejamos de operar como una versión ausente de nosotros mismos y nos alineamos con lo que realmente somos, ya no "necesitamos" continuar con estos comportamientos.

Desde este lugar de adormecimiento y negación, creamos otra capa encima de nuestra realidad existente. El mundo fuera de la jaula se moldea en torno a la percepción de quien vive dentro de ella, y cuanto más se distorsiona el mundo interior, más se desdibuja la percepción de nuestro mundo exterior. Un filtro más se extiende sobre el mundo, distorsionándolo aún más. Entramos en la negación. Nos desconectamos de todo lo que está delante de nosotros: las relaciones con la gente, el dinero, incluso nuestra relación con la Tierra se tuerce desde dentro de la propia jaula. Defendemos la realidad que hemos creado, porque desde dentro de la jaula tiene sentido hacerlo, aunque lógicamente no podamos explicar por qué.

Una de las participantes en mi programa de radio lo describió así: "Me acabo de mudar a un lugar que me encanta, con una persona a la que quiero, y sin embargo me despierto cada día sintiéndome triste, asustada y sin poder hacer nada".

Esto es lo que supone vivir dentro de la jaula. Se convierte en una broma cruel el hecho de que, cambiemos lo que cambiemos en nuestra realidad externa, nuestro punto de referencia sigue siendo el mismo. Nos decimos a nosotros mismos: "Aquí hay una cosa maravillosa que me encanta. Aquí hay una nueva posibilidad. Pero no puedo tenerla porque estoy viviendo desde la ansiedad de lo que ha pasado antes".

EL ANTI-TÚ

Llamo a lo que se crea desde el interior de la jaula el "anti-tú", porque cuando vives así, simplemente ya no estás siendo tú, el verdadero tú. Eres una versión de ti mismo, pero no tu verdadero yo. Por ejemplo, cuando tenía sobrepeso (más pesada física, emocional, mental y espiritualmente), esa era una versión de mí misma. Al emprender este trabajo que estoy compartiendo contigo y "liberar" el peso (aligerando todos los aspectos de mí misma), estoy más cerca de mi verdad - mi verdadero yo. Puede que ni siquiera luzcas como tú porque la jaula también tiene una máscara. Tal vez la sientas sobre tu rostro cuando te sientas amenazado, o incluso puede que la lleves todo el tiempo, como una armadura que te protege del mundo exterior.

El "anti-tú" tiene tantas capas que puede parecer que estás muerto. Todo lo que percibes desde este lugar nace de la limitación y la carencia. En lugar de vivir desde tu capacidad creativa, todo lo que haces parece repeler y rebotar hacia atrás. Puedes intentar tener relaciones desde este lugar, pero puede parecer que estás en el centro de ellas, pulsando el botón de autodestrucción. Es casi como si vivieras desde la necesidad de destruirte a ti mismo y a todo lo que te rodea. Se siente mejor así. Es como si recrearas interiormente lo que una vez ocurrió en tu mundo exterior.

Cuando el anti-tú se dispara, te encuentras en lo que yo llamo "el espacio del abuso". Si eres perspicaz, incluso puedes sentirlo en la estructura energética de tu cerebro. En mi caso, está situado delante de las glándulas pineal y pituitaria de mi cerebro; podía sentirlo literalmente cuando se desencadenaba: una densidad y pesadez allí que enviaba una reverberación a mi sistema nervioso autónomo, preparándome para luchar, huir o congelarme.

Cuando estamos en el espacio del abuso, todo lo que tenemos delante gira en torno a la vieja historia del abuso. Lo que ocurre en el mundo exterior se invierte. Vemos cosas que estamos convencidos de que son verdaderas, aunque quienes nos rodean las nieguen rotundamente. Lo que parece cierto puede ser falso, y viceversa. Nos encontramos con que confiamos en personas en las que no deberíamos confiar, y no confiamos en personas en las que sí podríamos hacerlo. Pueden llegar a nuestras vidas personas que representan todo lo que hemos estado diciendo que queremos generar y manifestar, pero las alejamos porque comprometernos con ellas significaría vivir más allá de la jaula y nos sentimos incómodos para hacerlo.

Encontramos que el mundo externo nos recuerda continua y constantemente algún elemento del abuso -una mirada en la cara de nuestro amante, el sentimiento de haber sido abandonado, una sugerencia de que hicimos algo que no es lo suficientemente bueno- y nos vamos, de vuelta al espacio del abuso. Nuestra realidad da un vuelco y todo se convierte en lo malos que sentimos que somos. Todo parece ser culpa nuestra. Nos retiramos, aún más, detrás de las rejas. Buscando seguridad, lo que en realidad encontramos es más aislamiento.

La jaula se convierte en un lugar de juicio sobre lo malo que somos. Cargamos con esta sensación de maldad, que pertenece a nuestros agresores, pero que asumimos como propia. Al hacerlo, damos nuestro poder a nuestro perpetrador y nos quitamos la consciencia de nosotros mismos. No nos damos cuenta de hasta qué punto estamos siendo otra persona o respondiendo a partir de lo que nos han enseñado. En ese momento se convierte en una respuesta automática. Nos vemos obligados a hacerlo, ya que asumimos las realidades de otras personas como si fueran las nuestras.

También te habrás dado cuenta de que cuando vives desde la jaula del abuso, éste repercute en todas las demás áreas de tu vida. Cuando filtras el mundo a través de la lente del maltrato, te atrae más. Es posible que esto te lleve a culparte más a ti mismo. Tal vez hayas escuchado frases como: "Tú creas tu propia realidad". Y cuando se perpetúa continuamente y no sabes cómo detenerlo, se suma a la sensación de que hay algo malo en ti. Así es como me sentía yo de niña, cuando los abusos me llegaban desde casi todos los flancos posibles. Esa misma sensación se mantuvo hasta la edad adulta, ya que el abuso se perpetuaba de diversas maneras. Hay una sensación subyacente de que nunca vas a ser la fuerza que realmente sabes que eres. Todo lo que haces cuando funcionas desde esta muerte, te impide estar radicalmente vivo, porque nunca puedes salir del todo de esta jaula, que defines como todo lo malo de ti. Si tuviera que describir lo que la jaula realmente hace, te mantiene en el bucle perpetuo de "soy incorrecto. Soy incorrecto, soy incorrecto, soy incorrecto, soy incorrecto". Cuando operas desde este lugar siempre serás víctima de todo.

EJERCICIO DE DIARIO PERSONAL: VIVIR DESDE UN PASADO DE ABUSO

Cuando no estamos conectados con nuestra bondad natural, experimentamos una especie de realidad distorsionada.

Escribe tus 5 principales conflictos y desafíos. ¿Cuántos de ellos puedes identificar como que se originan en un sentimiento de incorrección?

LO QUE PUEDES ESPERAR — DE VIVIR MUERTO...

Muchos de nosotros hemos aprendido a vivir en un estado de muerte, en lugar de vivacidad radical. Entonces, ¿cómo estamos viviendo muertos? Una de las formas es postergando las cosas que sabemos que, si las hiciéramos, nos darían ligereza. La razón por la que no hacemos estas cosas es que, con el abuso, se nos enseñó a creer que había algo inherentemente incorrecto en nosotros. Te programaron para creer en tu incorrección y no importa lo que hagas, siempre sientes que vas a estar mal.

...A RADICALMENTE VIVO

Cuando caminamos en medio de la confusión, sentimos que no tenemos otra opción. Pero, como he dicho con frecuencia a lo largo de este libro, una de las cosas más valiosas de nosotros es nuestra capacidad de elegir.

¿Qué pasaría si todos nosotros eligiéramos dejar de vivir muertos, en piloto automático y en la confusión de nuestros hábitos destructivos? ¿Y si realmente nos liberáramos de la jaula del abuso reconociendo que vivimos en una jaula? ¿Y si tomáramos acciones consistentes para disolver los barrotes de la jaula y cruzar el puente hacia una vida radicalmente viva?

Cuando algo te despierta, puedes elegir hacer algo diferente. Cuando abrazas y encarnas algo, te conviertes en ello. Podemos elegir encarnar una realidad diferente en lo que respecta al abuso. Todos podemos ser los catalizadores para eliminar y erradicar el abuso de este planeta. No estoy hablando sólo del abuso sexual. Estoy hablando de todos los abusos: abuso físico, abuso mental, abuso emocional, abuso financiero, abuso a ti mismo. No hay ningún criterio que diga que un abuso es peor que otro. Todo lleva al mismo fin: te roba la vitalidad. Y, mientras sigamos perpetuando esta realidad y sigamos culpando a nuestros perpetradores de todo lo que nos gustaría hacer y no elegimos hacer, entonces estamos manteniendo vivo el abuso.

¿Y si la mayor mentira y enfermedad de este planeta fuera en realidad el juicio hacia ti, el abuso hacia ti mismo, la destrucción de ti mismo y el ocultar el ser que realmente eres?

Capítulo Dos

Las 4 Des[2]

Si piensas en una jaula en forma de cuadrado, estas son las cuatro paredes que forman los barrotes. Son las paredes que te mantienen encerrado en el abuso. Cuando estás encerrado, no puedes realmente crear o generar nada diferente a lo que hay en el espacio de esa caja. Así es como acabas volviendo el abuso contra sí mismo y te conviertes en tu propio perpetrador y víctima simultáneamente.

NEGAR, DEFENDERSE, DESCONECTARSE Y DISOCIARSE

Cada una de las 4 Des (negar, defenderse, desconectarse y disociarse) representa un único "muro" de la jaula. Son mecanismos de supervivencia generados por nosotros mismos que hemos utilizado para lidiar con el abuso en nuestras vidas. Comprender las 4 Des es como aceptar la estructura de la jaula invisible en la que has vivido hasta ahora. El objetivo de este libro es romper esa estructura. Esto comienza con la toma de consciencia sobre cómo las 4 Des te han mantenido encerrado en tu modelo actual de realidad.

---

[2] *N. del T. Por sus nombres en inglés: deny, defend, disconnect and disassociate*

#1 NEGAR

La negación es la primera de las 4 Des. Tiene lugar en varios niveles. No se trata de negar específicamente que el evento haya tenido lugar. Esto puede suceder, por supuesto, pero cuando lo hace es a menudo la mente inconsciente compartimentando lo que ocurrió para que puedas hacer frente. El tipo de negación al que me refiero es vivir en la cabeza y desconectarse del cuerpo. Yo lo llamo divorciar tu cuerpo de tu ser.

Cuando divorcias tu cuerpo de tu ser, puede que te sientas como si vivieras fuera de tu cuerpo la mayor parte del tiempo. Es lo que hace que las personas que han sido maltratadas parezcan distantes o lejanas. Es un mecanismo de defensa. Puede haber sido aprendido durante el abuso, cuando negabas lo que estaba sucediendo para poder afrontarlo. Una vez finalizado el acto abusivo, la negación continúa en varios niveles. La manera de salir de la negación es volver a tu cuerpo. Pero primero quiero explorar las numerosas formas diferentes en las que se puede manifestar la negación.

Fantasía

La fantasía es una de las formas en que creamos la negación cuando hemos sido abusados. Creamos mundos de fantasía como alternativa a la realidad en la que vivimos. En respuesta a mi propia crianza de abuso violento, creé un mundo de fantasía vívido y vital donde todo era hermoso. Era como un ideal utópico y en algún nivel creía que podía hacer cualquier cosa. Estaba segura de que tenía algún tipo de superpoder. Aquí comienzan los delirios de grandeza que suelen acompañar a los aspectos más graves e impactantes de las 4 Des, como la disociación. En la infancia, la fantasía significa que podemos negar lo que es real y retirarnos a nuestros mundos imaginarios.

En mi recuperación, tuve que ver cómo había retorcido la fantasía y la había fusionado con la realidad. Por ejemplo, idolatraba a mi padre y lo ponía en un pedestal. Era mi héroe: brillante en los negocios y en ganar dinero, y además muy divertido. Esto contrastaba con mi madre, a la que odiaba porque, cuando él llegaba a casa, lo único que hacían era pelearse y ella le echaba. Lo que no sabía entonces eran sus infidelidades, su consumo de drogas o su abuso del alcohol. Con el tiempo llegué a comprender que todo lo que no está en esta realidad es una fantasía. Vivir desde esa fantasía te enjaula en la negación y distorsiona aún más la realidad que te rodea.

Un ejemplo de cómo la gente se refugia en un mundo de fantasía es creer que su vida será perfecta una vez que haya ganado la lotería. Incluso pueden refugiarse en una fantasía futura de todas las cosas que harán cuando les toque la lotería. Aunque esto ocurre para muchas personas que no han sido abusadas, esta tendencia a refugiarse en una fantasía futura y vivir fuera del momento presente, puede ser más fuerte desde dentro de la jaula, y es una gran parte de la negación.

Todo lo que creamos en la fantasía y no manifestamos en la realidad acaba limitándonos. En nuestro mundo de fantasía, creamos la carrera que queremos, la relación que deseamos, el coche que queremos conducir, el lugar donde queremos vivir. Allí todo es maravilloso. Pero nuestra realidad contrasta con esto. Nos negamos a nosotros mismos lo que realmente queremos, quizás por no pasar a la acción o no hacer un plan concreto, pero tampoco estamos presentes con lo que tenemos actualmente. No podemos aceptarlo ni apreciarlo. Así que la negación se manifiesta en numerosos niveles.

Dos Niveles De Negación

Dependiendo de la gravedad del trauma o de los problemas de abuso con los que se enfrenta una persona, la negación se manifestará en dos niveles.

1) Desencadenar la entrada y salida de la negación. Si este es tu caso, entonces sientes que a veces vives en el mundo real y otras veces vives en la fantasía. Algo te desencadenará y volverás a entrar en la jaula de la negación. Puede aparecer en áreas clave de tu vida como el dinero, las relaciones o la salud.

Si te encuentras en este primer grupo, es posible que hayas trabajado mucho en tus problemas de abuso hasta ahora. Tal vez ya hayas comprendido que se puede desencadenar un sentimiento de encierro. Tal vez seas capaz de manejar el sentido de la jaula. Ya no te domina de la misma manera que lo hacía, y sigues teniendo poder. Sabes que es posible cambiar y haces lo que puedes para hacerlo. Sin embargo, todavía quedan algunos restos de la jaula.

2) Vivir en negación todo el tiempo. Este grupo suele construir una fortaleza impenetrable a su alrededor. La jaula es todo lo que conocen. No pueden percibir ni sentir un mundo más allá de ella. Las paredes de la jaula están muy definidas y nunca se derrumban.

Para este grupo, la realidad se moldea y distorsiona desde dentro de esa fortaleza. Este fue el caso de alguien que me envió un mensaje de Facebook antes de que yo estuviera a punto de dar una clase en la que me decía que tenía tendencias suicidas. Para esta persona en particular, las paredes de la jaula eran muy densas. Para mí estaba claro que ella estaba encerrada. Viene con la sensación de que todo es finito. A menudo se llega a la conclusión de que sólo hay una opción.

Transferir La Negación a Algo Más

Una vez trabajé con una señora que había sido violada. Me dijo que no estaba tan molesta por haber sido "abusada sexualmente", sino que estaba más molesta porque su abrigo se había estropeado durante la violación y no podía conseguir otro. Como se puede observar, se refirió a la violación que había sufrido como abuso sexual, lo que supone otra capa de negación.

Entendí inmediatamente que estaba en negación. Sería fácil juzgarla cuando dijo que era por el abrigo. Lo que entendí es que para ella se trataba del abrigo. Había trasladado la rabia al abrigo *y* no tenía dinero para comprarse otro. Esta era la forma de su negación: su mente se centraba en lo que le había pasado al abrigo, no en lo que le había pasado a ella.

Una de las claves para entender la negación es reconocer dónde estás. A menudo, mis clientes y participantes en los talleres se despiertan al hecho de que han estado viviendo en la negación y puede ser un shock al principio. Encontrarte contigo mismo donde estás te abrirá a comenzar a romper cualquier negación que hayas estado experimentando.

EJERCICIO DE DIARIO PERSONAL: DESCUBRIR LAS ÁREAS DE NEGACIÓN

Las fantasías pueden ser historias que creamos sobre una situación para probar lo que pensamos, y cómo vemos algo como verdadero (cuando en realidad es una mentira) para seguir negando.

Considera en qué lugar te has refugiado en la fantasía en lugar de vivir el momento presente. ¿Qué tipo de fantasías creas en tu cabeza? ¿Cuándo empezaste a crearlas? ¿Qué propósito tienen?

¿En qué nivel de negación estás operando? ¿Vives en negación las 24 horas del día o te encuentras con que entras y sales de la negación?

¿Has transferido el acto de abuso a otra cosa o no lo has llamado por su nombre? ¿Qué tipo de apoyo necesitas para poder nombrar lo que has vivido?

#2 DEFENDERSE

La segunda de las 4 Des es Defenderse. Defenderse es posiblemente la más obvia de las 4 Des para detectar, porque a menudo es una represalia inmediata a algo o alguien en nuestro mundo externo.

La defensa es la expresión externa de nuestra agitación interna. Puede aparecer como un arrebato ocasional de defensa. Pero para muchas personas es una postura hipervigilante, las 24 horas del día. Puede ser como un animal en una jaula al que se le pincha constantemente con un palo. Defenderse es la expresión externa de su miedo. Su mensaje predominante es: "No te acerques a mí o te mataré".

El Puercoespín Invisible

¿Alguna vez te has sentido quisquilloso cuando alguien se acerca a ti? Uno de los principales signos de defensa es lo que yo llamo ser el "puercoespín invisible".

En algún momento de tu vida, el mundo no era seguro para ti. Así que creaste "púas" en un intento de protegerte. Cuando eras más joven, probablemente esperabas que las púas mantuvieran alejado a tu agresor. Pero ahora también mantienen el amor, el dinero y todo lo demás a una distancia segura. Aunque las creaste para protegerte, acaban provocando que distorsiones o desconfíes de lo que tienes delante.

El fenómeno del puercoespín invisible significa estar en guardia e hipervigilancia externa e internamente, lo que puede crear fácilmente algún tipo de agotamiento, así como un trastorno suprarrenal o autoinmune. Esto es, por supuesto, junto con todo el conflicto en tus relaciones y tu carrera.

Aunque externalices el puercoespín invisible y a menudo se manifieste en forma de defensa, también puedes encontrarte interiorizándolo. Estas púas pueden volverse hacia el interior para penetrar en tu bondad, tu amabilidad, tu generosidad de espíritu y tu gratitud. Esto lleva a más expresiones externas de cinismo, junto con depresión, ansiedad, problemas psicológicos, problemas de salud, problemas financieros.

Aunque la defensa del puercoespín empezó funcionando para ti cuando eras más joven, más tarde en la vida se arraigó como un sistema de respuesta programado o condicionado que en realidad sirve para bloquearte de vivir tu sueño. Las púas te impiden recibir la vida que deseas porque te parece demasiado peligroso recibirla. El uso de esta defensa se convierte en un arma de doble filo que te pincha tanto externa como internamente.

Para mí, recibir siempre significaba recibir juicios. También significaba hacer lo que mi madre decía para que no me pegara. Recibir significaba ser y vivir su realidad con un deseo desesperado de recibir cariño. Quería recibir de ella, pero cada vez que lo hacía, no era lo que deseaba, lo que hacía que las púas del puercoespín fueran más fuertes, tanto interior como exteriormente. En consecuencia, me ponía más a la defensiva.

Derretir La Defensa

La defensa puede derretirse con buen humor. Sin embargo, tiene que ser un humor apropiado, porque si parece que alguien se ríe de forma inapropiada de tu actitud defensiva, puede hacer que te repliegues más. Cuando trabajo con personas, a menudo rompo la defensa con humor. Esto permite que la postura hipervigilante, que se mantiene en el fondo las 24 horas del día, se vaya a tomar un café. También se necesita mucha permisión y espacio para dejar que el sistema nervioso se relaje.

Piense en los vídeos que puede haber visto en YouTube en los que un perro ha sido descuidado y abandonado. Primero se defiende gruñendo y ladrando. Pero cuando se le muestra algo de amabilidad, sus defensas empiezan a bajar. Este es el tipo de enfoque que debes adoptar con tu puercoespín interior y tu actitud defensiva. Puede que también necesites que otro humano te facilite la tarea para que las púas bajen.

EJERCICIO DE DIARIO PERSONAL: TU PUERCOESPÍN INTERIOR

¿Con qué frecuencia te encuentras respondiendo a la defensiva y con qué intensidad?

¿Hay momentos en los que anticipas el rechazo para protegerte del "daño"?

¿Qué tipo de situaciones, personas o comentarios disparan tu puercoespín interior?

¿Qué historias te has contado a ti mismo sobre el recibir que te hacen mantener las púas en alto, armadas y listas para defenderte?

#3 DESCONECTARSE

Desconectarse es un estado constante de separación de tu mente respecto de tu cuerpo, tu cuerpo respecto de tu mente. Es un estado generalizado de divorcio de tu relación contigo.

Cuando estás desconectado, te encontrarás comiendo frecuentemente para satisfacer una necesidad emocional en lugar de comer porque tienes hambre. Todo en tu vida será fabricado para ayudarte a evitar lo que es el verdadero problema. Te encontrarás con que te desconectas y desarrollarás toda una serie de distracciones que te permitirán desconectarte cada vez más.

Aprendiste a desconectarte en el acto del abuso. Era la forma que tenía tu cuerpo de compartimentar el acto para que no tuvieras que estar presente mientras lo experimentabas. La cuestión es que sigues haciéndolo después del acto porque estar conectado a tu cuerpo puede significar que éste recuerde lo que sentiste o experimentaste. La estrategia que te mantenía a salvo puede convertirse en la que te impida experimentar posibilidades enriquecedoras, incluso alegres, con tu cuerpo.

Cuando te desconectas, puedes tener la sensación de estar fuera de tu cuerpo. Muchas personas que se desconectan a través de actos de abuso dicen que sienten que no pueden sentir sus pies en el suelo, o tienen una sensación como si realmente vivieran fuera de su cuerpo. Puede hacerte sentir que vives dividido. Estás aquí, pero al mismo tiempo no estás aquí. Puedes ser capaz de desenvolverte en el mundo, pero los demás pueden tener la sensación de que hay algo raro en ti. A su vez, si te has encontrado con alguien que está desconectado, a menudo tienes la sensación de que estás manteniendo una conversación con él y se muestra como vago o lejano.

Si vives desconectado, probablemente tienes una serie de estrategias que te permiten hacerlo. Recuerda que sólo es tu cuerpo el que trata de mantenerte a salvo de sentir lo que sentiste cuando experimentaste el abuso. Ya sea adormeciéndose con comida, alcohol, compras, drogas o medicamentos, puede que te encuentres buscando maneras de desconectarte, especialmente si cuando conectas con tu cuerpo te resulta incómodo.

Otra cosa que puedes encontrar si vives desconectado, es que constantemente se te cruzan los cables. Cuando vives alejado o fuera de ti mismo, pierdes el contacto con tu ser auténtico o tu conexión innata con lo que es verdadero para ti. Puede que te encuentres diciendo no cuando quieres decir sí y viceversa. Quizás te ríes cuando algo es triste y lloras cuando algo es feliz. Es como si todo se cruzara. Pero en una nota aún más profunda, puedes encontrar que desarrollas lo que podría considerarse un sentido del humor retorcido entorno al abuso.

Me he dado cuenta de que algunas personas hacen bromas cuando hablan del hecho de haber sido violadas. Si has estado haciendo esto, es un mecanismo de defensa que te permite permanecer desconectado.

Divorciarse De Ti Mismo

Uno de mis programas de radio se llamó *Eligiendo Detener la Locura de Divorciarte de Ti Mismo*. Lo presenté junto con Gary Douglas, el creador de una técnica conocida como Access Consciousness®. Lo que Gary destacó en el programa es cómo acabamos creyendo lo que nos han dicho sobre el abuso. Hemos sido programados para creer que somos víctimas del abuso. El reto es que, cuando operamos desde una mentalidad de víctima, terminamos encerrando la energía del abuso en su lugar. En el programa, Gary destacó:

Lo que pasa con el abuso es que una vez que has sido abusado, tenderás a encerrarlo en tu cuerpo porque tu cuerpo es el que experimenta el abuso. Aprendemos a hacerlo muy real e importante y significativo, pensando que eso va a acabar mejorando las cosas. En realidad, no tiene ese efecto.

Hacemos que el acto de abuso sea significativo y relevante, y centramos toda nuestra atención en él. Como no sabemos qué otra cosa hacer, se queda encerrado en nosotros. Lo revivimos cada día. Como resultado, nos estancamos en lugar de crear. Permitimos que nos defina cuando, en realidad, es una oportunidad para hacer una elección diferente, una que nos empodere y nos conecte con nuestra brillantez más allá del(de los) acto(s) del pasado, y reconocer lo que hemos aprendido.

En el programa, Gary también destacó cómo estamos programados para creer que nuestras experiencias son lo más valioso sobre nosotros. Sin embargo, lo más valioso sobre nosotros es nuestra capacidad de elegir. Una de las estrategias para sanar el abuso es dejar de definirte por él. Para ello, tienes que dejar de divorciarte de ti y desconectarte de ti mismo.

Cómo Acabar Con La Desconexión

Para detener el patrón de desconexión de ti mismo, necesitas primero buscar y reconocer las estrategias que has estado usando para hacerlo. Cualquier cosa que te devuelva al cuerpo va a hacer que te sientas más conectado. Pero, en primer lugar, tienes que estar bien en tu cuerpo, porque la estrategia de desconexión está ahí por una razón. Así que tenemos que mirar las creencias subyacentes que has estado sosteniendo sobre el abuso y que te han hecho divorciarte de ti. Si te sugiero que dejes de adormecerte con la comida u otras distracciones, pero no te has enfrentado a la razón subyacente por la que lo estás haciendo, entonces es poco probable que puedas simplemente volver a tu cuerpo.

Este libro está diseñado para abrir una conversación totalmente nueva sobre cómo superar el abuso. Uno de los objetivos es ayudarte a superar la mentalidad de víctima y a salir del punto de vista fijo que tienes para definirte a través del abuso. Este cambio de perspectiva puede allanar el camino para que te reconectes contigo mismo.

EJERCICIO: IDENTIFICAR LAS FORMAS EN LAS QUE TE DESCONECTAS

¿Cómo se manifiesta la desconexión en tu cuerpo? ¿Sientes que abandonas tu cuerpo cuando te desconectas o te retiras a una parte determinada de él? ¿Adónde vas? ¿Sientes que la desconexión es constante o que entras y sales de ella?

¿Qué parte de tu identidad se ha formado entorno a ser víctima de abusos? ¿A qué respuestas condicionadas te aferras en tu cuerpo, que te hacen sentir encerrado en tu actual modelo de realidad?

#4 DISOCIARSE

La más dominante de las 4 Des es la disociación. Esto es cuando el abuso se encierra demasiado en el cuerpo, que es el lugar desde el que funcionamos. Estamos encerrados dentro de la jaula del abuso y vivimos desde allí. Es un estado extremo y constante de hipervigilancia, desde el que filtramos nuestra realidad. Una parte de ti vive constantemente "en el techo" o en otro mundo. Suele manifestarse en forma de condiciones como el trastorno de estrés postraumático (TEPT).

La disociación es un estado constante de congelación y entumecimiento. Debido al alto nivel de hormonas del estrés que circulan por el cuerpo cuando vivimos desde este estado, tiene el potencial de desencadenar afecciones físicas crónicas si permanecemos en este estado durante mucho tiempo. También puede provocar enfermedades psicológicas más intensas y trastornos de separación. En casos extremos, puede provocar personalidades múltiples, un tema que queda fuera del alcance de este libro.

En resumen, las 4 Des constituyen las paredes de la jaula invisible que nos encierran en el abuso de nuestro pasado y nos impiden elegir vivir como deseamos en esta realidad. La negación, la defensa, la desconexión y la disociación son los "muros" que te mantienen encerrado. Y cuando estás en tu jaula, no puedes crear ni generar nada diferente a lo que hay en el espacio de esa caja. Así es como el abuso se vuelve hacia adentro y te conviertes en tu propio perpetrador y víctima simultáneamente.

La fantasía que creas a veces puede parecer mejor que la vida real que estás viviendo cuando todavía estás luchando contra el abuso. Se siente seguro, encerrado en esa jaula. Se necesita tenacidad de consciencia para mirar el mundo de fantasía que has creado, y desafiarte a ti mismo para crear más allá de él. Ahora echemos un vistazo a las emociones particulares que acompañan a la vida en la jaula.

CAPÍTULO 3

LAS EMOCIONES DEL
ABUSO

En este capítulo, vamos a explorar las emociones relacionadas con el abuso. Es posible que te reconozcas en algunas de ellas o en todas. Hasta ahora, es posible que no hayas reconocido lo que son. Forman parte de la sombra que permanece en el fondo, a menudo sin nombre o sin voz. Una vez que las nombramos, empiezan a perder su poder. Ya no tienen el mismo poder sobre nosotros.

Ser más consciente de las emociones forma parte del proceso de avance hacia la Vivacidad Radical. Una vez que empiezas a reconocer e identificar las emociones que has estado experimentando, puedes empezar a moverte más allá de ellas y hacia estados de emoción más efectivos que resuenan con ser poderosamente potentes y radicalmente vivos.

Las Emociones y Los Armónicos

Cada emoción tiene una vibración diferente. Las emociones más bajas operan en una frecuencia más baja. Lo contrario ocurre con las emociones más elevadas. Entendemos esto intrínsecamente como seres humanos, por lo que decimos que nos sentimos "bajo" cuando estamos en los estados vibratorios más bajos, y "alto" cuando estamos en los más elevados.

En esta realidad, tenemos la opción de operar desde un estado armónico bajo o un estado armónico elevado. Cuando estamos operando desde un estado armónico elevado, estamos experimentando la vida a través de la consciencia, en lugar de a través de nuestros disparadores, patrones y programación. Puede que hayas experimentado momentos o periodos desde este lugar. La vida es más fluida y armoniosa. Experimentas la vida con más unidad y más presencia desde los armónicos elevados. Las emociones bajas nos hacen sentir separados y aislados, mientras que en las elevadas recordamos que no hay separación entre nosotros y el universo. Muchas de las enseñanzas espirituales orientales nos recuerdan esto, y lo que están destacando es vivir desde los armónicos elevados de la vida.

Los sentimientos y las emociones son parte del estado armónico bajo de esta realidad. Nos quedamos atrapados en ellos y no se nos enseña que son una elección. De hecho, estamos programados para creer que somos víctimas de nuestras emociones y nos subimos a la ola de ellas, sintiendo que están más allá de nuestro control.

Como hemos destacado antes, hay algunas emociones predominantes que persisten después del abuso. A menudo nos quedamos atrapados en ellas, junto con las frecuencias armónicas más bajas que representan para nosotros. Conectan con el anti-tú del que hablamos en el capítulo uno. Cuando nos quedamos atrapados en estos estados emocionales, bajamos nuestro nivel a una energía, un espacio y una consciencia que son lo contrario de lo que realmente somos. Estas emociones nos mantienen encerrados en las 4 Des, particularmente en la negación y la defensa. Desde el interior de los armónicos bajos de nuestro estado emocional, se vuelve habitual para nosotros atacar, y así el ciclo se profundiza. Nos movemos en estos estados, confundiéndolos con nuestra realidad fija. Se convierten en habituales, porque cuanto más resonamos con una determinada frecuencia, más fuerte y familiar se vuelve para nosotros. Ésta es una de las razones por las que a veces nos quedamos en nuestra zona de confort, que en realidad es nuestra zona de "incomodidad". Su resonancia, a pesar de ser dolorosa, nos resulta familiar, y hemos aprendido a aceptarla y a vivir con ella.

Estas emociones también significan que nos resistimos y rechazamos la vida; de hecho, son el combustible de esta resistencia, que afecta a la salud física, las relaciones y las finanzas. A pesar de lo desafiante que es enfrentarse a ellas, es parte del proceso de recuperación de tu verdadera esencia y de tu yo, y te pone en el camino de vivir radicalmente vivo, al darte el poder de elegir. Cuando no estás dominado por tus emociones, la vivacidad radical se convierte en tu vibración naturalmente más elevada.

VERGÜENZA

La vergüenza es otra barrera para la suerte porque nos hace sentir que no merecemos la buena fortuna: el amor, la felicidad y el éxito. La vergüenza también limita la suerte porque nos mantiene viviendo en el espacio del pasado, resonando en el campo de la vergüenza y sin estar presentes en el aquí y el ahora donde la suerte tiene lugar.

Gay Hendricks y Carol Kline, Suerte Consciente

Hay una diferencia entre la culpa y la vergüenza cuando se trata del abuso. La culpa es "He cometido un error y pido disculpas". Sigues adelante. Mientras que la vergüenza es: "Yo *soy* un error". Así que muchas veces, cuando alguien trata de superar su abuso, realmente tiene que superar la vergüenza de la creencia de que está equivocado o defectuoso. Fue la situación, el entorno, la persona que perpetró el abuso, la que estaba defectuosa de cierta manera. Había algo en su programación que les hacía actuar de esa manera. Y tú asumiste su historia como tu identidad.

La vergüenza es la emoción más conocida del abuso. Se genera a partir de todos los secretos que has ocultado sobre el abuso. Es posible que te hayan dicho que ocultes los abusos a los demás o que te hayan amenazado con algún tipo de consecuencia si decías la verdad. También es posible que el abuso se haya llevado a cabo de una manera que no se discutió ni se aclaró. Sucedió y se normalizó en tu situación vital, pero una parte profunda de ti no sabía cómo expresar lo que te había sucedido. También es posible que te hayas atrevido a expresar lo sucedido y te hayas encontrado con juicios o acusaciones de que estabas mintiendo. Las situaciones en las que el abuso se expresó y se trató con compasión son menos comunes porque, en muchas situaciones familiares, si el abuso se admite y se posee, entonces algo tiene que cambiar. Los matrimonios se rompen. Los seres queridos acuden a los tribunales. A menudo es mucho más "fácil" para la gente cortar su consciencia y negar que haya sucedido que afrontar las consecuencias de la verdad.

Así, la vergüenza del abuso se vuelve hacia adentro. Te sientes como si estuvieras dañado o defectuoso. Te aferras a lo malo de ti. Te conviertes en el secreto y, al hacerlo, ya no puedes ser tú.

El chiste cruel de la vergüenza es que el noventa por ciento de lo que ocultas, en realidad te lo ocultas a ti mismo porque es para lo que has sido programado. Para poder soportar el secreto, lo has vuelto contra ti mismo en una forma retorcida de negación. Esto significa que ya no puedes estar en comunión contigo.

La vergüenza se manifiesta como una pesadez y una densidad dentro de ti. Caminas con los ojos mirando al suelo y la cabeza gacha. Es como vivir con el ceño fruncido y hay una transformación y tirón de la cara cuando se desencadena.

La vergüenza también distorsiona lo que eres por dentro. No puedes tener verdadera intimidad (veo mi interior[3]) cuando andas rodeado de vergüenza. Con cada interacción, sabes que no estás siendo tu auténtico yo, lo que, a su vez, crea más vergüenza y hace que te escondas aún más. El ciclo continúa, acercando todo el tiempo la jaula del abuso a tu alrededor.

Este es el chiste cósmico de la vergüenza: te pasas toda la vida manteniéndola atrapada en tu cuerpo, abriéndote a todo tipo de enfermedades (físicas, mentales, emocionales y espirituales) sólo para esconderte y que nadie sepa que has tenido esta experiencia. Sin embargo, ¡la mayoría de las personas de este planeta también esconden algo!

Entonces, ¿cómo debilitar las soldaduras de la vergüenza? Una de las mejores maneras es entablar una conversación real sobre el tema: salir del secreto que rodea al abuso.

Tu Historia y La Vergüenza - ¿Qué Significa Para Ti y Sobre Ti?

A veces, cuando trabajo con las personas para facilitar el cambio, tengo que retroceder un poco y guiarlas a través de lo que sucedió, para poder ir más allá del abuso. Esto incluye el reclamo, la reivindicación y el reconocimiento de lo que creen que su historia significó para ellos y sobre ellos, y cómo siguen viviendo eso hoy en día. Para muchos de mis clientes, el hecho de haber sufrido abusos sexuales, físicos o emocionales hace que se sientan mercancías dañadas.

Entender cómo estás interpretando tu historia y tu vergüenza (su significado para ti y sobre ti) puede ayudarte a empezar a definir

---

[3] N. del T. Juego de palabras en inglés entre intimacy (intimidad) e into-me-i-see (veo mi interior)

una nueva opción y a crear una nueva historia. Te ayudará a ver cómo el significado que le has atribuido limita el futuro que podrías experimentar, es decir, la alegría, la felicidad y la libertad. Casi siempre que acompaño a alguien a través del apego a su historia, el pegamento que mantiene todo unido es la vergüenza y su identificación con ella, que, a su vez, creen que es lo que realmente son.

Tú no eres tu vergüenza. Es sólo algo que te has acostumbrado a sentir.

Este libro no trata de juzgar. Se trata de la unidad. Se trata de usar realmente esta conversación como un objetivo para eliminar el abuso. Esto incluye reconocer que nuestros abusadores también estaban operando desde sus programas, y ayudarlos, en un nivel energético, a moverse más allá del abuso, también.

"...si eres una de las muchas personas que tienen un problema con sus padres, si todavía albergas resentimiento por algo que hicieron o dejaron de hacer, entonces todavía crees que tuvieron una opción, que podrían haber actuado de forma diferente. Siempre parece que la gente tuvo elección, pero eso es una ilusión. Mientras tu mente, con sus patrones condicionados, dirija tu vida... ¿qué elección tienes?"

Eckhart Tolle, El Poder del Ahora

Mientras mantengamos la vergüenza, mantendremos el abuso. Mientras mantengamos la historia sin revelar, mantenemos el abuso en nuestro cuerpo. Cuando nos identificamos con la vergüenza, la encerramos en nuestro cuerpo. Y cuando lo hacemos, nos dejamos abiertos a la enfermedad y a una vida de posibilidades limitadas. Nos quedamos encerrados en nuestra jaula y eso hace que la situación de abuso sea tu dios en lugar de que tú seas tu propio dios. Por supuesto, no me estoy refiriendo a "Dios" en un sentido religioso, sino señalando el poder que tienes para crear tu propia realidad.

EJERCICIO ENEGÉTICO: LIBERAR LA VERGÜENZA Y EL JUICIO

Este ejercicio libera toda la energía que tienes alrededor de la vergüenza, junto con cualquier percepción de que eres un producto defectuoso o dañado. Sea como sea que la hayas sentido, cuando sea que la hayas sentido, y con quien sea que continúes sintiéndola, puedes liberar la vergüenza (incluyendo todos sus secretos o agendas ocultos, no dichos, no reconocidos o no revelados) a la Tierra.

Usando tus dedos, imagina que recoges la energía de la vergüenza empezando por tus pies hasta la parte superior de tu cabeza en la parte delantera y trasera de tu cuerpo. Lánzala a la Tierra delante de ti y di en voz alta: "NO, NO MÁS ABUSO. ¡ES MI CUERPO Y MI ELECCIÓN! ¡MI DERECHO!" Haz esto al menos 3 veces mientras imaginas que la energía se disipa y se libera en la Tierra. También puedes hacer esto con la ira, la tristeza y otras emociones.

Después, anota cualquier aumento o efecto positivo en tu energía.

*Adaptado de Access Consciousness®.

TRISTEZA

La tristeza es la ira vuelta hacia dentro. No tuviste la oportunidad de expresarla hacia afuera, así que la vuelves contra ti.

Cuando habitas en la tristeza, en realidad estás habitando en la consciencia de víctima. Es la arena movediza que te mantiene atascado e incapaz de moverte. El reto con la tristeza es la proyección que la sociedad tiene sobre el abuso como algo difícil de sanar, refuerza la tristeza.

Cuando estamos tristes por el abuso, estamos operando desde la creencia de que esto no debería habernos sucedido. Hay una falsa noción perpetuada por la forma en que comúnmente vemos el mundo de que no debería haber desafíos en la vida. Esta creencia incluye la suposición de que la vida debería ser tranquila y sin altibajos. Cuando operamos a través de este filtro, las cosas nos suceden y sentimos que de alguna manera hemos sido engañados en la vida. Cuando miramos el abuso a través de la lente de la consciencia de víctima, se convierte en lo peor que le puede pasar a un ser humano, y perdemos nuestra capacidad de utilizar el abuso como una experiencia vital transformadora.

Cuando estamos atascados en la tristeza, ya no sentimos que tenemos una opción, porque operamos desde el punto de vista de que nunca podremos ir más allá.

En psicología, la capacidad de ver nuestra experiencia como algo beneficioso para alcanzar nuestro máximo potencial se denomina "Crecimiento Post-Traumático". Nos permite considerar que nos hacemos más fuertes y ricos a través de nuestros desafíos. No podemos ver nuestras experiencias de esta manera cuando las vemos como algo incorrecto.

EJERCICIO DE DIARIO PERSONAL: PUNTOS DE REFLEXIÓN

¿En qué medida has operado desde la emoción de la tristeza? ¿Qué tipo de situaciones la desencadenan? ¿Cómo se manifiesta? ¿Cómo se siente en tu cuerpo?

¿Puedes reconocer la sensación de impotencia que acompaña a esta emoción?

¿Cuáles son los pensamientos familiares que experimentas cuando entras en un estado de tristeza?

Una vez que hayas completado este ejercicio, puedes repetir el ejercicio de energía anterior. En lugar de la vergüenza y el juicio, esta vez libera la emoción de la tristeza.

Usando tus dedos, imagina que recoges la energía de la tristeza empezando por tus pies hasta la parte superior de tu cabeza en la parte delantera y trasera de tu cuerpo. Lánzala a la Tierra delante de ti y di en voz alta: "NO, NO MÁS ABUSO. ¡ES MI CUERPO Y MI ELECCIÓN! ¡MI DERECHO!" Haz esto al menos 3 veces mientras imaginas que la energía se disipa y se libera en la Tierra.

Después, anota cualquier aumento o efecto positivo en tu energía.

IRA Y RABIA

La ira puede ser una fuente de energía vital y, cuando se expresa con enfoque, puede ayudarte a superar tu estado actual. Sin embargo, cuando no se utiliza eficazmente, es más bien un veneno que se filtra y te mantiene en un estado de duda y desconfianza.

La rabia es la ira que se vuelve hacia el interior. Es una energía asesina incontrolable y la explosión externa de tu clima interior. Es la erupción del volcán: "Odio todo esto". Cuando vives en un estado permanente como éste, a menudo te mueves entre la rabia y la depresión. Desde un punto de vista bioquímico, sólo hay un tiempo que puedes mantener la rabia antes de que aumente el cortisol y baje la DHEA en tu cuerpo, porque es un estado de alto estrés. Esto puede llevar a un vaivén de emociones, con largos periodos de depresión, en los que el cuerpo ya no puede mantener la rabia, antes de volver a la rabia una vez más. Es un ciclo gravemente agotador que distorsiona nuestra percepción de la realidad, llevándonos a ver sólo lo que creemos que está sucediendo, incluso cuando las personas que nos rodean tratan de mostrarnos o decirnos lo contrario. Los que viven en este ciclo suelen ser juzgados como "amargados" por los demás. Puede ser una frecuencia desafiante para estar cerca porque la atracción de la rabia es muy fuerte.

Una de las cosas que podemos hacer es tomar estas formas más tóxicas de rabia y convertirlas en una herramienta para el cambio. Puede ser necesario que un facilitador experto te ayude a salir de la rabia y a utilizar esta energía como herramienta de transformación. Si has estado operando desde un lugar de rabia, a veces puede sentirse bien, o al menos preferible a la depresión, porque algo se mueve cuando expresas tu rabia.

La habilidad aquí es ser capaz de mover esta energía en una dirección que te sirva, en lugar de una que refuerce tus desafíos.

El primer paso para hacerlo es reconocer y admitir si has quedado atrapado en el ciclo de la rabia.

EJERCICIO DE DIARIO PERSONAL: PUNTOS DE REFLEXIÓN

El objetivo aquí es distinguir cada emoción para poder separarlas y dejar que tu cuerpo sea tu aliado.

Coloca tu mano en la parte de tu cuerpo que siente ira. Ahora pon tu mano en la parte de tu cuerpo que siente rabia. ¿Puedes determinar la diferencia o la similitud entre la ira y la rabia? ¿Cuál ha sido la más predominante para ti?

¿Te has encontrado rebotando entre la rabia y la depresión?

¿Has experimentado el uso de la ira para expresar tu punto de vista?

¿Puedes determinar la diferencia entre una potencia de ira y una explosión de rabia?

Una vez que hayas completado este ejercicio, puedes repetir el ejercicio de energía anterior, sustituyendo esta vez las emociones de ira y rabia.

Usando tus dedos, imagina que recoges la energía de la ira y la rabia empezando por tus pies hasta la parte superior de tu cabeza en la parte delantera y trasera de tu cuerpo. Lánzala a la Tierra delante de ti y di en voz alta: "NO, NO MÁS ABUSO. ¡ES MI CUERPO Y MI ELECCIÓN! ¡MI DERECHO!" Haz esto al menos 3 veces mientras imaginas que la energía se disipa y se libera en la Tierra.

Después, anota cualquier aumento o efecto positivo en tu energía.

MIEDO

El miedo es un estado en el que te quedas atascado, congelado y entumecido. Cuando vives con miedo, estás pedaleando contra la corriente y en una zona de destrucción. Es un sistema de respuesta automática en el que te preparas continuamente para lo que en tu mundo externo parece que puede ser traumático.

Cuando vives con miedo, siempre hay alguien que se va a meter contigo, te va a fastidiar, se va a aprovechar de ti, te va a herir, te va a rechazar o te va a abandonar. Normalmente no tiene nada que ver con la persona que tienes delante y a menudo te encuentras proyectando tu versión de la realidad en ella.

Cuando vives en un estado perpetuo de miedo, nunca puedes estar presente.

El miedo casi siempre implica ir al pasado como punto de referencia de lo que sucedió antes y proyectarlo en el futuro.

EJERCICIO DE DIARIO PERSONAL: PUNTO DE REFLEXIÓN

¿En qué medida has operado desde el miedo? Coloca tu mano en la parte de tu cuerpo que siente el miedo.

¿Qué tipo de situaciones lo desencadenan? ¿Cómo se manifiesta? ¿Cómo se siente en tu cuerpo?

¿Te das cuenta de que vuelves al pasado y luego buscas cosas similares en el presente? ¿Buscas pruebas en el presente de que las cosas van a ir mal?

¿Qué estrategias puedes poner en marcha para detenerte cuando el miedo comienza a circular?

Una vez que hayas completado este ejercicio, puedes repetir el ejercicio de energía anterior, sustituyendo esta vez la emoción del miedo.

Usando tus dedos, imagina que recoges la energía del miedo empezando por tus pies hasta la parte superior de tu cabeza en la parte delantera y trasera de tu cuerpo. Lánzalo a la Tierra delante de ti y di en voz alta: "NO, ESO NO ES REAL. ELIJO ESTAR PRESENTE EN EL AHORA". Haz esto al menos 3 veces mientras imaginas que la energía se disipa y se libera en la Tierra.

Después, observa cualquier aumento o efecto positivo en tu energía.

En resumen, vivir en las emociones del abuso es funcionar desde los armónicos bajos. Para vivir radicalmente vivo y funcionar desde los estados armónicos elevados, primero tenemos que reconocer que hemos estado viviendo en las emociones del abuso y asociándonos con ciertas frecuencias emocionales que hemos llegado a normalizar.

Ahora vamos a considerar cómo vivir en la jaula del abuso y funcionar desde estos estados emocionales ha estado impactando en varias áreas de tu vida. Luego, más adelante en el libro, exploraremos cómo puedes transformar estas emociones para que puedas vivir radicalmente vivo.

Parte Dos
Dificultades En La Jaula

Capítulo Cuatro

La Continuidad Del Abuso

¿Cuándo Va a Terminar Esto?

Era una pregunta que me había hecho muchas veces en mi vida. Sin embargo, la verdad es que no sabía si alguna vez lo haría. La miríada de abusos que experimenté en diversas formas a lo largo de mi vida parecía multiplicarse con el paso del tiempo. Cuanto más aumentaba, más me convencía de que había algo malo en mí, y cada nuevo acontecimiento parecía confirmar el modelo de realidad desde el que operaba, y asumí que yo tenía algún defecto.

Lo que sé ahora, y que no entendía entonces, es que cuando operamos desde la jaula del abuso, éste sigue perpetuándose y no sabemos cómo detenerlo. Es posible que tú mismo hayas experimentado algo similar, donde las relaciones, conexiones y comunicaciones abusivas parecen venir de todos los ángulos de la vida.

De hecho, el abuso rara vez termina cuando el evento original ha terminado.

Después del acto inicial de perpetración, puede parecer que todo el mundo abusa de ti.

El abuso en sí mismo, ya sea un solo evento importante o una serie de incidentes más pequeños, continúa reverberando en nuestras vidas y en nuestra realidad mucho después de que haya ocurrido.

Incluso si experimentaste el abuso en un área particular de tu vida, es probable que otros ecos similares hayan aparecido en diferentes áreas de la vida y en una multitud de formas. Es posible que hayas notado que se convirtió en una epidemia que se extendió a todos los rincones de tu existencia. Si el abuso comenzó en la infancia, es probable que (a menos que lo hayas transformado significativamente y ya no te afecte) la continuidad del abuso en sus múltiples formas haya sido tu principal punto de referencia hasta ahora.

EL SHOCK DE LA PERPETRACIÓN

Una de las claves para entender cómo estás respondiendo al abuso es que el acto abusivo crea un shock en el sistema. El trauma impone entonces a tu cuerpo sistemas de respuesta automáticos que siguen reactivándose en momentos de estrés. La química de nuestro cuerpo cambia literalmente cuando experimentamos un acto abusivo, y nos adaptamos replegándonos dentro de la jaula invisible.

Al principio, la jaula se convierte en nuestro lugar de seguridad y es lo único que sabemos hacer ante la sobrecarga sensorial y molecular que creó el suceso original. Cada vez que algo nos recuerda la perpetración original, acabamos volviendo a la jaula. Normalmente, todos los sentidos están implicados, y cualquier desencadenante sensorial del mundo exterior puede hacer que volvamos a la jaula. Olemos algo que nos recuerda el suceso original, un perfume o una loción de afeitar, y nos encontramos volviendo atrás. Oímos algo, como un tono de voz o una palabra concreta que se utilizó durante la perpetración, y de nuevo volvemos a entrar en la jaula. Vemos algo que nos recuerda el suceso, nuestro agresor tiene vello facial, vemos a un hombre con vello facial, y de repente volvemos a retroceder. Luego están los indicadores moleculares más sutiles: los muchos sentimientos y emociones que el abuso creó. A menudo, cuando alguien experimenta un abuso, estos sentimientos y emociones se encierran en el cuerpo y pueden volver a desencadenarse por la más mínima cosa de nuestra realidad externa. En cierto sentido, encapsulamos al agresor en las propias células de nuestro ser. La realidad del perpetrador se convierte así en el filtro a través del cual experimentamos el mundo, y es una parte clave de lo que nos mantiene encerrados en la jaula.

Aunque la jaula está diseñada para protegernos, en última instancia, intenta mantenernos a salvo para que no se produzca un suceso similar, acabamos definiéndonos a través del shock de lo ocurrido. Nuestra estructura molecular cambia y esos cambios se convierten en el filtro a través del cual experimentamos nuestra realidad.

Como he dicho antes, la consciencia es una parte enorme de la sanación de la jaula del abuso. Pero cuando algo nos desencadena que entremos a nuestra jaula porque el shock del evento original todavía se mantiene en nuestros cuerpos, operamos desde lo *opuesto* a la consciencia.

Operamos desde el trance.

FUNCIONAR DESDE EL TRANCE

Si la información sensorial de lo ocurrido se dispara con frecuencia, empiezas a funcionar como el "anti-tú". Si recuerdas, el anti-tú te impide generar y crear en tu vida.

Si te estás mostrando como el "anti-tú", es probable que una de dos cosas esté sucediendo.

> ➤ Tienes cierta consciencia de que algo está "mal", pero parece que no puedes alcanzarlo o llegar a él.

> ➤ Has estado viviendo dentro de la jaula, pero no eres consciente de que lo has estado haciendo.

En cualquiera de los dos casos, suele haber una tendencia a culpar al mundo exterior de cómo te sientes por dentro.

ATRAER MÁS DE LO MISMO

Cuanto más operamos desde dentro de la jaula del abuso, más atraemos otros episodios de abuso hacia nosotros. La resonancia del shock del evento original, y la forma en que molecularmente operamos desde esa resonancia, significa que atraemos a seres similares que están funcionando desde el mismo lugar.

Cuando nos vemos como víctimas y sentimos que el abuso ha sido perpetrado contra nosotros, otros perpetradores son atraídos hacia nosotros para repetir el ciclo.

No vemos que simplemente están encerrados en sus propios ciclos, también, y que nosotros también estamos desempeñando un papel para ellos. En cambio, a través de nuestros filtros, parecen nuestros agresores y opresores, nada más. Si esto te ha sucedido, una parte de ti probablemente cree que esto significa que hay algo malo en ti. Como destaqué en la introducción de este libro, no hay nada malo en ti si has estado atrayendo continuamente el abuso a tu vida en ciclos similares. Simplemente, una vez que el abuso ha ocurrido en tu vida, no has sabido cómo dejar de recrearlo.

PERPETRAR EL ABUSO CONTRA UNO MISMO

Cuando hemos sido maltratados, asumimos la realidad del agresor como si fuera la nuestra. Tanto si el abuso fue económico, emocional, físico, doméstico, espiritual o sexual, la realidad de la persona que nos lo impuso acaba convirtiéndose en la realidad a través de la cual experimentamos nuestro mundo.

Hay un término en Access Consciousness® que se llama "mimetización biomimética", que simplemente significa que hemos asumido la forma de ser de otra persona en el mundo como si fuera la nuestra. A menudo experimentamos la mimetización biomimética con nuestro perpetrador, lo que puede ayudarnos a entender cómo a veces el abusado puede convertirse en el abusador. Otra forma de pensar en ello es que nuestras respuestas condicionadas y habituales se convierten en una vía de dolor. Así, por ejemplo, una vía de dolor podría ser que el perpetrador del abuso crea que es malo o que está equivocado, y esa energía se transfiere a nosotros durante el "acto". Entonces empezamos a comportarnos como si fuéramos malos, malvados o equivocados. Esto mantiene el evento original vivo, añadiendo más combustible al fuego del TEPT y nunca permitiendo el espacio para que ocurra el Crecimiento Post-Traumático.

La mimetización biomimética adopta muchas formas, y no significa necesariamente que nos convirtamos en el agresor. Más bien significa que adoptamos un elemento de su forma de estar en el mundo y nos lo imponemos a nosotros mismos. Cuando imitamos biomiméticamente a nuestros perpetradores, esto incluye operar desde los mismos caminos de dolor desde los que ellos operan. Cuando esto sucede, nunca estamos en verdadera comunión con nuestro propio ser porque, en algún nivel, estamos buscando inconscientemente la aprobación de nuestros perpetradores al imitarlos.

Por ejemplo, yo experimenté la mimetización biomimética con mi madre. Tuve una relación tumultuosa con ella y, durante mi vida adulta, seguía operando desde su realidad energética. En mi caso, esto se manifestó como una dificultad para estar sola. Nunca me sentí cómoda sola y siempre quise estar con alguien. También me resultaba difícil generar y crear en mi vida, lo que a veces se denomina "valerse por sí mismo". Pasé décadas generando y creando a partir de la realidad de mi madre, no sólo en mi cuerpo y mi mente, sino también en mi carrera y mis finanzas. No me di cuenta de que estaba operando desde su realidad cuando lo hacía.

Uno de los indicios de que puedes estar viviendo desde los confines de cualquier realidad que el perpetrador te haya impuesto, es que te encuentras operando desde tu pequeñez. Tomas decisiones basadas en el miedo y no en la expansión. En mi caso, por ejemplo, dejé que mi madre eligiera la escuela y las universidades a las que fui, en lugar de elegirlas yo misma. El poder, una vez más, lo tenía el perpetrador.

Mi madre era muy controladora, crítica y violenta. El principal mensaje que me transmitía a mí y a los demás que la rodeaban era: "La única manera de que te acepte es que hagas lo que yo diga". Al someterme a su voluntad, le permitía seguir teniendo poder sobre mí. Estaba tan encerrada en la violencia física, el trauma y el abuso, que no sabía cómo decirle que no. Decir que sí a la realidad de otra persona es, de hecho, decirte que no a ti. Esto es lo que te separa de la comunión contigo mismo.

Entonces, ¿cómo sabes si lo que sientes en tus entrañas es tuyo o es algo que pertenece a otra persona y que tú has asumido como tuyo?

EJERCICIO DE DIARIO PERSONAL: ¿DE QUIÉN ES LA REALIDAD QUE ESTÁS SIENDO?

¿Qué te enseñaron tu madre y tu padre, y las demás personas de tu vida, sobre ti, tu cuerpo, tu vida y tu realidad que todavía crees o creas tu vida entorno a eso, consciente o inconscientemente?

¿Son estas creencias tu verdad? En otras palabras, ¿las eliges ahora?

En un nivel básico, nuestras creencias nos sirven de alguna manera. ¿De qué manera estas creencias o comportamientos te mantienen encerrado en la jaula y te sirven al mismo tiempo?

¿Puedes identificar cómo el hecho de servir a las necesidades de los demás te mantiene en una vida de compromiso?

Nuestros perpetradores pueden o no estar todavía en nuestras vidas. Pueden estar vivos o muertos. Pero cuando les entregamos nuestro poder, cerramos todas las posibilidades y vivimos en la limitación. Ahora te conviertes en un perpetrador contra ti mismo. Una vez que esta "vuelta" ocurre, estás viviendo completamente desde una realidad automatizada. Cuando hablamos de la perpetración contra ti, esto no sólo incluye el acto original de abuso en sí. Incluye cada uno de los otros actos abusivos que ocurrieron en tu vida y que asumiste como tu verdad - todas las decisiones, conclusiones y juicios que otros han hecho sobre ti y que tú, a tu vez, has convertido en tu propia realidad, y que es esencialmente tu programación sobre lo malo de ti.

Eres un imán de consciencia, estás percibiendo, sabiendo, siendo y recibiendo energía de todo el planeta, de todo el mundo, de tus ancestros, de tu cuerpo, de la persona de al lado, de tus jefes, de tus colegas, de tus iglesias, etc.

EJERCICIO ENERGÉTICO: SOLTAR LO QUE NO ES TUYO

Cierra los ojos y coloca las manos sobre el timo y el hueso púbico. Respira por la boca 3 veces y di: "¡HOLA, CUERPO! ¡HOLA, CUERPO! ¡HOLA, CUERPO! ¡HOLA, YO! ¡HOLA, YO! ¡HOLA, YO! ¡HOLA, TIERRA! ¡HOLA, TIERRA! ¡HOLA, TIERRA!" Expande tu energía hasta tocar las cuatro esquinas de la habitación en la que estás y respira. Respira y expándete todo lo que puedas hacia arriba, hacia abajo, hacia la derecha, hacia la izquierda, hacia delante y hacia atrás. Inspira por delante de ti, inspira por detrás de ti, inspira por la derecha de ti, e inspira por la izquierda de ti. Inspira hacia arriba por los pies y hacia abajo por la cabeza. Repite todos los "Hola" anteriores. Abre los ojos.

Observa cómo te sientes o cualquier cambio en tu energía.

En resumen, mientras no estés dispuesto a elegir y crear desde tu realidad, estarás eligiendo desde las realidades de otras personas. Y cuando comprometes tu propia realidad por la de otra persona, eso quita mucha energía al cuerpo. Te drena de tu propia vitalidad esencial. Este es el "propósito" de la jaula invisible: nunca llegas a existir realmente como TÚ.

CAPÍTULO CINCO

LA SALUD Y TU CUERPO

"Y le dije a mi cuerpo, en voz baja, 'Quiero ser tu amigo'. Tomó un largo respiro y respondió: 'He estado esperando esto toda mi vida'".

Nayyirah Waheed.

¿Alguna vez has sentido que estás en guerra con tu cuerpo? Si has sufrido algún tipo de abuso, esto suele ocurrir. Hay tres formas principales en las que puedes encontrarte en guerra con tu cuerpo:

- ➤ Te encuentras poniendo las necesidades de otras personas por encima de las tuyas.

- ➤ Juzgas constantemente tu cuerpo.

- ➤ Ignoras las señales y los pedidos de tu cuerpo.

En este capítulo, exploraremos cómo el abuso prepara el escenario para estar en guerra con tu cuerpo, así como lo que puedes hacer para experimentar más paz y armonía en tu propio ser físico.

1. PONER LAS NECESIDADES DE LOS DEMÁS ANTES QUE LAS TUYAS

Cuando se produce el abuso, te vuelves invisible mientras el abusador es visible. Tus necesidades se vuelven invisibles mientras las del abusador crecen. Esto establece el patrón de la jaula invisible del abuso.

Desde dentro de la jaula del abuso, crees que es normal hacer que las necesidades de los demás sean más importantes que las tuyas. A partir de ahí, anulas las numerosas señales y los pedidos de tu cuerpo, mientras que con frecuencia antepones las necesidades de los demás. Recordando las 4 Des, puedes descubrir que niegas que realmente tienes necesidades, o te *disocias*, porque crees que tu cuerpo no importa. Te *desconectas* de pensar que tienes algún derecho a recibir algo, y te *defiendes* de cualquier cosa que venga a ti. Esto crea capas de densidad en tu cuerpo: el peso, la opresión, la rigidez, el control, la constricción, etc.

A medida que pasan los años, normalizas que las necesidades de los demás sean más importantes que las tuyas. El patrón se intensifica. Te encuentras *disociando* tu cuerpo y tratándolo como si no importara, pero al mismo tiempo te sientes prisionero de él. El resultado es que te *desconectas* más de tu cuerpo y vives dentro de tu mente. Pero la mente es sólo el 10% de tu cuerpo, lo que significa que estás negando el otro 90% de ti.

2. JUZGAR TU CUERPO

Cuando *niegas, disocias, desconectas y te defiendes* de tu cuerpo juzgándolo, empiezas a encerrarte aún más en la jaula del abuso. El resultado es que tu cuerpo empieza a hincharse. Se vuelve denso. Se constriñe. Empieza a tener dolores. Empiezan a haber cosas que van mal.

A medida que tu cuerpo se vuelve más rígido, tu pensamiento también. Empiezas a ver las cosas en blanco y negro, o que sólo se pueden hacer de una manera. Pierdes tu pensamiento creativo, en favor de conclusiones y puntos de vista fijos.

También puedes engordar o sentirte más pesado. A menudo, cuando tenemos peso en nuestro cuerpo, tiene más que ver con el auto-odio, los juicios, las decisiones y las conclusiones que hicimos sobre nosotros mismos, basados en lo que nos sucedió en el pasado. Incluso si no tienes un problema de peso físico, el peso puede aparecer como otro tipo de pesadez, como la depresión. Esto también puede ser debido a la densidad que estás manteniendo en tu cuerpo entorno al abuso.

El peso puede ser las toxinas que todavía tienes de tus abusadores. También puede provenir de los juicios que has asumido de otras personas, así como de los juicios que tienes sobre ti mismo. A veces es una defensa que creaste para tratar de protegerte de otros abusadores. Y al mantener el peso, el mensaje subyacente es que todos los demás en tu vida son abusadores potenciales para ti.

Crear el Cambio Desde el Juicio

Cuando miramos nuestro cuerpo y nos proponemos cambiarlo, a menudo partimos de un lugar de juicio. Nos consideramos malos o equivocados por el hecho de que nuestros cuerpos sean como son.

Cada vez que tomas la decisión de que hay algo errado en ti,
viene de un juicio.

Puede que hagamos un plan para hacer más ejercicio o comer menos, pero normalmente se basa en privarnos de cualquier forma de placer. A menudo, cuando hemos sido abusados, tendemos a recurrir a métodos más duros para perder peso y a planes estrictos. Ya tenemos una impresión de que nuestros cuerpos han sido abusados, y seguimos perpetuando esta impresión y empujándonos a objetivos de pérdida de peso duros y poco realistas, que luego tienden a ser contraproducentes. No sabemos realmente cómo hacernos amigos del cuerpo porque no estamos operando desde un lugar de bondad para con él. En cierto modo, seguimos perpetuando el abuso que sufrimos.

Patrones De Desarmonía

En el capítulo tres, hablamos de cómo tus emociones pueden ser armónicas o desarmónicas, dependiendo de si estás operando desde las frecuencias armónicas más bajas o las más altas. Recuerda que los patrones de desarmonía crean enfermedad, desconexión y defensividad.

El fenómeno mente/cuerpo es muy real. La grasa y las toxinas almacenadas en tu cuerpo son, en efecto, un espejo de los juicios, decisiones y conclusiones que has tomado. Por desgracia, muchos de nosotros elegimos el peso de las toxinas y los juicios como nuestra verdad, en lugar de la ligereza y la expansión de los armónicos más elevados. Pero al elegir mantener el peso, en realidad estás manteniendo esos juicios y conclusiones como la realidad que vives, encerrándote más y más en la jaula. Cuando vemos nuestro cuerpo como algo distinto a un regalo, experimentamos una profunda falta de paz.

3. ANULAR LAS SEÑALES Y LOS PEDIDOS DE TU CUERPO

Otra forma de perpetuar el abuso es ignorando lo que pide nuestro cuerpo. Nuestros cuerpos tienen una sabiduría innata, que se ha visto comprometida por la vida del siglo XXI. Sin embargo, el abuso compromete aún más esta sabiduría. La negación, la desconexión y la disociación nos divorcian de las numerosas señales y peticiones de nuestro cuerpo. Con demasiada frecuencia, esta sabiduría innata se adormece con la comida, el alcohol o las drogas. Es confuso para la mente/el cuerpo cuando comemos emocionalmente o respondemos a los antojos. Ignorar la sabiduría innata del cuerpo nos aleja de nosotros mismos. Socialmente, se ha normalizado conformarse de esta manera en lugar de escuchar lo que nuestro cuerpo necesita.

Hace un tiempo tuve una experiencia. Decidí ir a uno de mis restaurantes indios libres de gluten favoritos. Ya había estado allí antes y siempre me había encantado. Sin embargo, mientras me dirigía hacia allí mi cuerpo empezó a decirme: "No, esto no es bueno para ti en este momento".

Pensé que se me pasaría una vez que llegara allí, pero cuando empecé a comer no sabía bien. Aun así, no paré. La comida no sentó bien en mi cuerpo. Durante toda la noche me sentí incómoda, pero no se trataba sólo de la comida, sino de que mi pensamiento y mi cuerpo estaban en guerra. No había escuchado a mi cuerpo a pesar de que me había dado señales muy claras.

EJERCICIO DE DIARIO PERSONAL: ¿COMES CON CONSCIENCIA?

¿Cuántas veces has anulado las señales de tu cuerpo y has comido cuando no tenías hambre, o cuando estabas triste o enfadado? ¿Cuántas veces has comido cuando tu cuerpo te decía "no", porque ibas a salir a cenar o a asistir a un evento social?

Lleva un registro de cuándo tienes hambre. Pregúntate a ti mismo: ¿Tengo hambre o estoy enfadado? ¿Tengo sed o necesito un amigo, un abrazo, un paseo? Empieza a notar lo que tu cuerpo está tratando de decirte.

SANAR EL ABUSO DESDE EL CUERPO

Lo que la mayoría de la gente, incluidos los terapeutas tradicionales, no entiende es que, si se quiere sanar el abuso, el primer lugar al que hay que ir es al cuerpo. Todavía no he visto lo contrario. Por desgracia, a menudo es el último lugar al que se quiere ir. La clave para darse cuenta es que el abuso aumenta la separación entre la mente y el cuerpo, y la sanación del abuso cierra esa brecha de separación. Literalmente, hay que aprender a soltar el trauma del cuerpo. Es vital aprender a resolver la desarmonía física, para que puedas ser uno con tu cuerpo.

Cuando eres uno contigo, eres uno con todo: con todas las moléculas en el mundo. Si estás separado de tu cuerpo, estás separado de todo.

El primer paso es dejar de permitir que el abuso del pasado siga teniendo poder sobre ti. En este libro hemos reforzado con frecuencia el mensaje de que una de las cosas más valiosas de ti es tu capacidad de elegir. Tu primer paso es tomar la decisión de no dejar que las necesidades de los demás se antepongan a las tuyas, de no juzgar tu cuerpo ni de ignorar sus peticiones.

Acabar Con Los Juicios

Es esencial que veas cómo tu abuso del pasado se refleja en tu cuerpo. En lugar de verte gordo o feo o malo o equivocado, puedes empezar a ver que estos juicios vinieron de otra persona o de algún otro momento, y empezar a crear tu cuerpo desde un lugar de corrección y plenitud.

En lugar de intentar cambiar nuestros cuerpos mediante juicios y castigos, podemos tomar decisiones basadas en un nuevo paradigma de "resolución". Esto significa que elegimos vernos a nosotros mismos y a nuestros cuerpos desde un nivel diferente de consciencia, uno que se basa en la bondad, la nutrición y el cuidado en lugar de la culpa, la vergüenza, el arrepentimiento y el autocastigo.

A medida que dejamos ir los juicios de nuestros cuerpos, empezamos a ver la conexión entre el peso que llevamos en nuestro cuerpo y la pesadez del tema del abuso.

Dejas de juzgar tu cuerpo cuando dejas de rechazar, expulsar y desalojar de ti mismo toda posibilidad. Tu salud, tu cuerpo, (junto con tu dinero, tu riqueza y tus relaciones, que exploraremos en los siguientes capítulos) tienen que ver con rechazarte, expulsarte y desalojarte a ti mismo de toda posibilidad.

¿Qué tomaría que crees la alegría de la posibilidad con tu cuerpo aceptándote y abrazándote a ti mismo como una posibilidad?

Tu cuerpo es un sistema de detección del placer. Sin embargo, a estas alturas, probablemente has erradicado por completo la experiencia del placer, o has deformado y retorcido o limitado el placer que te permites, a gratificaciones instantáneas como el chocolate u otros subidones temporales. Sin embargo, tu cuerpo fue diseñado para el placer y está cableado para el gozo.

EJERCICIO DE DIARIO: CAMBIAR EL ENFOQUE DE TU ALIMENTACIÓN

En lugar de la rutina habitual del último plan de dieta o moda que te lleva a juzgar tu cuerpo, ¿qué puedes hacer para aumentar el placer en tu cuerpo de manera que tu enfoque ya no sea lo que está mal en él? No te preguntes cómo puedes perder peso o cambiar tu cuerpo. Pregúntate cómo puedes liberar los patrones de juicio que lo mantienen ahí.

Escribe 10 juicios que tengas sobre tu cuerpo. Cada día de la semana siguiente, por cada juicio que hayas escrito, elige una acción diferente en su lugar.

Escuchar a Tu Cuerpo y Priorizar Tus Necesidades

En el nuevo paradigma de la "resolución", ya no fuerzas a tu cuerpo a cambiar. Resuelves parar la guerra con tu cuerpo sin importar lo que te cueste hacer ese cambio. Tienes que estar dispuesto a resolver. Tienes que estar dispuesto a ser visible y a que tus necesidades manden. Recuerda que, si fuiste abusado, las necesidades de los demás se hicieron más visibles que las tuyas. Tienes que resolver el hacer visibles tus propias necesidades. El universo te mostrará que te cubre la espalda. Pero tú también tienes que estar dispuesto a cubrir tu propia espalda.

Aprender a comunicarte con tu cuerpo y preguntarle lo que necesita puede generar un gran cambio. Incluso preguntar con frecuencia: "Hola cuerpo, permítete reconocer que tienes un cuerpo y acabar con los patrones de disociación.

Si has estado desconectado de tu cuerpo durante algún tiempo, puede que al principio no entiendas lo que te dice. Cuando surja algo en tu cuerpo, puedes hacerte preguntas como: "Si mi cuerpo (o esta parte de mi cuerpo: nómbrala) pudiera hablar, ¿qué diría? ¿Qué me estás diciendo? ¿Esto es para ahora o para después?". (Con respecto a la última pregunta, a veces tu cuerpo te está mostrando algo que está pidiendo ser sanado en una sesión de sanación más profunda que no sería apropiado hacer cuando surge el mensaje).

EJERCICIO: MUÉVETE, MUÉVETE, MUÉVETE

A veces te despertarás sintiéndote pesado o denso en tu cuerpo y no sabes por qué. En lugar de aceptar este estado, pregúntate qué puedes hacer para moverte y superarlo. Súbete a la cinta de correr. Sal a la calle y mueve tu cuerpo. Toca el tambor, aplaude, baila o canta. Mueve tu cuerpo durante 30 segundos, a ver qué cambia. Aumenta a uno o dos minutos.

También puedes poner un temporizador para 15 minutos y escribir la siguiente frase: Una cosa que mi cuerpo no quiere que sepa es _____ (termina la frase). Hazlo durante 15 minutos, luego rómpelo y sigue con tu día.

Recuerda que el maltrato no es sólo un acontecimiento: es una experiencia de todo el cuerpo. Ninguna parte de ti se libra de sentirlo, pero puedes cambiar los sentimientos que surgen de forma más instantánea de lo que crees.

Actúa en función del reconocimiento que te da tu cuerpo.

Al principio de mis clases sobre el cuerpo, le digo a la gente que se imagine que pone la cabeza en una hamaca junto a la playa y que le da a su cuerpo la oportunidad de reconocer lo que sabe. Para mucha gente, la cabeza se ha convertido en el lugar desde el que experimentar la vida, y en cambio, queremos incluir la sabiduría y la consciencia que tiene el cuerpo. El cuerpo lo sabe todo. Sólo has aprendido a no confiar en él. Una y otra vez, di: "Hola, cuerpo. Hola, cuerpo. Hola, cuerpo". Hay una cierta vulnerabilidad en eso. Puedes entrar y expandir ese espacio de vulnerabilidad, que te permite recibir mucho más.

Nuestros cuerpos son adaptables y brillantes y tienen capacidades asombrosas - cuando vemos la brillantez de lo que nuestros cuerpos pueden ser podemos operar desde su fuerza potente y dinámica.

EJERCICIO: UN NUEVO DÍA

Actúa por un día como si tu cuerpo tuviera razón en todo. Sea cual sea la consciencia que te dé, finge por un día que te comprometes a actuar en consecuencia. ¿Qué futuro crearía eso?

En resumen, probablemente estés acostumbrado a juzgar a tu cuerpo, a anular sus señales y sus pedidos y a anteponer las necesidades de los demás a las tuyas. Parte de la sanación del abuso consiste en incluir todo el cuerpo y volver a ponerse en contacto con su inteligencia. El cuerpo sabe mucho más de lo que te das cuenta, y cuando saques tu cabeza de la ecuación y aprendas a escuchar a tu cuerpo, experimentarás más presencia y una mayor relación contigo mismo y con la Tierra.

CAPÍTULO SEIS

LAS RELACIONES Y LA SEXUALIDAD

Si has sufrido abusos a cualquier nivel, es probable que el sexo y las relaciones no te resulten tan fáciles. El simple hecho es que necesitas tu cuerpo para poder tener una relación de cualquier tipo y, como hemos comentado en el último capítulo, el cuerpo es donde se almacenan muchos de los problemas relacionados con el abuso.

Hay toda una serie de formas en las que podemos explorar el sexo y las relaciones cuando se trata de abuso. En este capítulo, vamos a centrarnos en dos de las más importantes:

➤ Te das cuenta de que inventas cosas que crees que están pasando en tu relación y que no son realmente ciertas.

➤ Te das cuenta de que abandonas tu cuerpo durante el sexo.

Si puedes dejar de meterte en tu cabeza e inventar tu relación, y aprender a permanecer en tu cuerpo mientras tienes sexo, experimentarás la conexión y la intimidad a un nivel completamente nuevo.

INVENTAR TU RELACIÓN

Las relaciones pueden ser una comunión dulce, pero también pueden estar llenas de conflicto, trauma, drama y dolor. La mayoría de nosotros hemos tenido un poco de comunión a un lado y una bandeja llena de conflictos en el centro. ¿Son tus relaciones alegres y placenteras? ¿O son asfixiantes y sofocantes? ¿Experimentas la comunión o la separación?

Una gran parte de los problemas que tenemos en las relaciones provienen de la "invención de problemas". Las invenciones son las mentiras que te dices a ti mismo, las cosas que te inventas y las historias sobre lo que ocurre que no son realmente ciertas. Aquí nos centramos, principalmente, en cómo haces esto en tu relación primaria, pero la invención de historias puede aparecer también en otras partes de tu vida.

Creamos nuestras respuestas, reacciones y comunicación basándonos en las invenciones que tenemos sobre la relación. Nos impiden experimentar la verdadera intimidad que deseamos. ¿Por qué este patrón es tan frecuente en el abuso? Vuelve, como siempre, a la jaula invisible.

Cuando estás encerrado en la jaula, estás teniendo una conversación contigo mismo.

Te inventas una conversación contigo mismo basada en tus patrones y experiencias y luego proyectas tus conclusiones sobre tu pareja, tus seres queridos, tus hijos, etc.

El chiste cruel es que nunca dices claramente lo que realmente está pasando dentro de tu mente a tu pareja o a esa persona con la que disfrutas. En lugar de ello, distorsionas lo que está sucediendo frente a ti debido a tus proyecciones, y la relación se deforma y se distorsiona como resultado. En lugar de ser la persona que amas, se convierte en la persona que quieres matar. Exteriorizas tu rabia desde la voz reprimida de tu interior, sin que tu pareja sepa lo que realmente ocurre.

Estas "invenciones" son como un gas silencioso, que se filtra en la relación pero que no se nombra. Probablemente ni siquiera sepas que son invenciones porque ni siquiera las miras ni te haces preguntas sobre ellas. Una pregunta que podrías hacerte antes de reaccionar es: "¿Esto es realmente cierto o es una invención?" Pero probablemente no te has hecho una pregunta así hasta ahora. Te limitas a hacerlo cierto, a creer que es verdad, a actuar en consecuencia y a crear a partir de eso. A medida que lo haces, te encierras cada vez más en la jaula, mientras que simultáneamente también encierras a tu pareja fuera de tu jaula.

Como nunca le dices a tu pareja lo que realmente te pasa, a su vez, nunca te hace preguntas o plantea cosas para discutir. Puede que diga algo parecido a: "Estás loco" o "Haces esto todo el tiempo" o "Tal vez necesites ir a buscar ayuda". Pero no saben cómo preguntarte de verdad lo que te pasa. Tú mismo no estás en contacto con ello, así que ellos tampoco pueden estar en contacto contigo.

Señales De Que Estás Inventando Tus Relaciones

El primer paso para ir más allá de las invenciones, y entrar en el espacio de la verdadera comunión, es ver las invenciones que estás utilizando en tu relación en lugar de basar tu relación en historias que no son verdaderas. Estas invenciones te impiden experimentar la verdadera intimidad que deseas.

Entonces, ¿cómo saber si estás inventando tu relación? Hay cuatro señales para detectar tus invenciones:

1. Tus necesidades no importan y las de tu pareja mandan.

2. Te sientes dependiente de tu pareja y al mismo tiempo estás resentido con ella.

3. Has llegado a acuerdos tácitos e inconscientes como: "Si me cuidas, me mantienes seguro y protegido económicamente, yo te cuidaré a ti. Haré las comidas. Te atenderé. Haré lo que desees".

4. Ya no reconoces quién eres. Has creado un personaje o un papel para ti. Es quien crees que tienes que ser para ser amado. Lo más probable es que nunca te hayas preguntado si esto es algo que realmente necesitas ser.

Tus Invenciones Se Basan En El Pasado

Las invenciones que sigues haciendo en tus relaciones se basan en los viejos patrones de abuso que experimentaste. A menudo son patrones de lo que has aprendido en las relaciones o que fueron creados para ti, y normalmente están llenos de proyecciones, separaciones, expectativas, rechazos, resentimientos y arrepentimientos. Así que, en lugar de ir más allá de tu pasado y crear una nueva forma de intimidad, te encierras en la jaula del abuso, recreando tu pasado y encerrándote aún más en estas mentiras e invenciones. A menudo, no puedes ver lo que realmente está delante de ti, ni la belleza del ser que ha decidido compartir su vida contigo.

Repitiendo la misma dinámica con tu pareja que experimentaste durante tu infancia, creas "verdades" sobre el otro que en realidad son invenciones. Esto se convierte en la forma de relacionarte y comunicarte con ellos: todo se basa en esas invenciones. Sin embargo, estas invenciones sólo sirven para desempoderarte, aunque las estés ejerciendo sobre otra persona. Se convierte en una dinámica de resentimiento que, en realidad, no es más que una loca conversación que estás manteniendo contigo mismo desde dentro de la jaula.

Cuando no ves a la otra persona delante de ti y te crees las mentiras, las proyecciones, las expectativas, los resentimientos, etc., en realidad creas tus relaciones basándote en esos filtros. En realidad, estás creando una relación basada en una mentira. Esto es lo que la mayoría del mundo llama "relación."

Esto no es sólo un abuso de ti, también es un abuso de tu pareja. Es entonces cuando la relación se convierte en una guerra entre dos personas. Porque todas estas creencias subconscientes entorno a las cuales has creado tus relaciones se basaban en la limitación, en la toma de decisiones de forma inconsciente y en tu propia conversación contigo mismo.

Vale la pena recordar que, si estás haciendo esto, es probable que también lo hayan creado para ti tus padres o tus tutores principales. Mi padre estaba mucho tiempo fuera, y recuerdo que cuando volvía a casa, mis padres se alegraban de verse. Pero también era consciente de que mi madre estaba enfadada porque él no estaba más en casa, ayudándola con los tres hijos. Y también sabía energéticamente que él no quería estar allí. Él no lo decía, pero yo lo sentía. Observaba esta dinámica y percibía la diferencia entre cómo se comportaban y lo que no decían. Su intento fingido de afecto no me parecía correcto. Sabía que era una mentira. Estaban fingiendo entre ellos y para los niños. No hablaban de los problemas subyacentes delante de nosotros, pero estos problemas se manifestaban en sus acciones. Por ejemplo, mi madre golpeaba el plato en la mesa cuando daba de comer a mi padre, y él respondía con una expresión "invisible" de odio. Actuaban con su comportamiento, sin su voz. Estas son las invenciones inconscientes que se dan en las relaciones, que crean la relación como guerra, conflicto y drama, en lugar de alegría y comunión.

Un Nuevo Modelo De Relaciones

Las relaciones están diseñadas para beneficiarse y permitir que tú y tu pareja expandan juntos, se contribuyan el uno al otro y se brinden gozo mutuamente.

No vivo en un ideal utópico en el que creo que no habrá conflictos. Sin embargo, sí creo que podemos cambiar cualquier cosa y todo, incluido el modo en que nos comportamos en las relaciones.

Puede ser muy difícil crear un cambio si sigues basando tu relación en la invención de problemas. Cuando vives en el "país de las invenciones," ni siquiera estás hablando de lo que es verdad. En cambio, estás discutiendo sobre cuestiones que ni siquiera son reales.

Si alguna vez te has encontrado en algún tipo de discusión en una relación y has dicho algo parecido a "no sé ni por qué estamos discutiendo," entonces sabrás a qué me refiero. A veces podemos reconocer cuando es una invención, y hay una gran fuerza en detenerte a mitad de camino y decir: "Eso fue totalmente mi invención. Lo siento. Se trataba de XYZ, y no tiene nada que ver contigo."

Sin embargo, la mayoría de nosotros no reconocemos cuando estamos en una invención, porque muchas veces parece tan real, especialmente cuando hay emociones asociadas. El reto es que las emociones se desencadenan *basándose en nuestras experiencias del pasado*, y cuando estamos cargados emocionalmente, hace que nuestras invenciones parezcan mucho más reales.

Una vez que operas más desde la consciencia y menos desde tus patrones, te abre a hacer una elección en estos momentos. Eres capaz de preguntarte a ti mismo:

➢ ¿Quién voy a elegir ser?

➢ ¿Quiero ser una mentira o un personaje y estar atrapado dentro de la jaula del abuso?

➢ ¿Quiero levantarme con decisión y con una tenacidad de consciencia y crear comunión?

Tienes la opción de crear una nueva posibilidad y experimentar juntos una mayor expansión en todas las formas de relacionarte: comunitaria, sexual, financiera, física, emocional, mental, psicológica y espiritualmente.

EJERCICIO DE DIARIO PERSONAL: CREENCIAS SOBRE LAS RELACIONES

Escribe todas las creencias que te rondan por la cabeza sobre las relaciones y hazte la pregunta: "¿Es realmente cierto?". Haz esto sobre cualquier cosa que estés pensando, sintiendo y percibiendo sobre las relaciones.

Una de las técnicas que he utilizado en Access Consciousness® es la herramienta de lo ligero o lo pesado para identificar si es verdadero o falso. Pregúntate: "¿Es esto cierto?". Si se siente ligero significa que lo es. Si se siente pesado significa que necesitas hacer más preguntas y que probablemente te estás creyendo la mentira inventada.

Si estás en una relación, habla con tu pareja después de haber completado este ejercicio de diario personal. Ten una conversación con ellos (si es mejor abrir la conversación con un tercero, sugiero buscar un consejero para mediar en algunas de esas partes potencialmente más duras**).

Abre la puerta de la jaula para que haya comunión. Comparte lo que has estado creyendo, percibiendo y de lo que eres consciente para que puedan ayudarte a ver la verdad, más allá de tus propios filtros. Mientras lo haces, ábrete a que lo que compartes puede que esté basado en una mentira que ha venido de tu programación y experiencias de vida anteriores. Estamos buscando abrir un nuevo nivel de comunicación consciente en su relación más allá de lo que ambos han sido programados para creer que era verdad. La verdadera comunión más allá del juicio los ayudará a abrir aún más su jaula.

**Esta evaluación de tu relación es para que dejes de vivir en la jaula del abuso. Puede ser más beneficioso hablar con alguien primero, y luego abrir la puerta a las conversaciones potencialmente más difíciles con tu pareja.

EL SEXO Y LA RELACIÓN

Entorno al sexo y los abusos pueden surgir toda una serie de problemas, sobre todo si el abuso que has sufrido es de naturaleza sexual. Si has sufrido abusos, una de las cosas más importantes que te puede ocurrir es que "desaparezcas" durante las relaciones sexuales. En el Capítulo Dos, hablamos de la desconexión. Desaparecer durante el acto sexual, ir a nuestro lugar seguro, o irnos más adentro de la jaula, puede desencadenarse a menudo durante el sexo.

¿Te Encuentras Desapareciendo Durante El Sexo?

Imagina este escenario y comprueba si te resulta familiar:

Estás tumbado de espaldas en una postura vulnerable. Se supone que es agradable, divertido y placentero, pero algo sucede que te dispara. Puede ser una mirada de tu pareja o algo que diga o haga que te recuerde la perpetración original. Al instante, tu mente se dirige a tu abuso pasado, a los recuerdos, a la respuesta de huida o lucha, etc. Empiezas a contener la respiración. Te sientes más seguro al irte de tu cuerpo, y lo haces, dejando tu abuso pasado vivo y reviviendo la experiencia una vez más. Te disocias y te separas de ti mismo, pero no expresas lo que está pasando, en gran medida, porque probablemente es similar a la posición que adoptaste cuando fuiste abusado originalmente. Te quedas ahí, pasando por eso nuevamente y los barrotes de tu jaula se cierran. Lo más probable es que no experimentes ningún tipo de placer. Si lo haces, no es del tipo profundamente satisfactorio. Lo finges o finges que fue divertido. Mientras esto ocurre, es posible que te hagas una o todas estas preguntas:

> ➤ ¿Qué está pasando?

> ➤ ¿Qué está mal en mí?

> ➤ ¿Disfrutaré alguna vez del sexo?

A continuación, compartiré mi perspectiva sobre estas cuatro preguntas.

¿Qué Sucede?

¿Qué está pasando realmente dentro de la jaula del abuso cuando se desencadena así? Básicamente, la diversión y el placer del sexo no se pueden recibir porque tú y tus necesidades se han vuelto invisibles.

Estás viviendo cualquier juicio que tomaste durante tu abuso pasado. Has dejado de existir. Tus necesidades eran entonces limitaciones. Tus necesidades no importaban. Tú no importabas.

Así que, durante el sexo, no expresas tus necesidades y las de tu pareja se vuelven más importantes. Pero, ¿cómo puede el sexo ser divertido y placentero si ni siquiera estás ahí?

¿Qué Está Mal En Mí?

No hay nada malo en ti. Sé que puedes haber escuchado esto intelectualmente de muchas maneras diferentes, especialmente cuando se trata de abuso. Pero esta experiencia de desaparecer durante el sexo no es algo de lo que haya que avergonzarse. Yo lo he hecho muchas veces y miles de mis clientes también lo han hecho. Y estos días, estoy teniendo experiencias sexuales realmente placenteras, radical y orgásmicamente vivas. Esto significa que tú también puedes.

Sin embargo, si te equivocas al desaparecer, te mantienes encerrado en la jaula. Así que, el primer paso si esta respuesta automática se dispara, es darte un respiro. Nada está mal si desapareces durante el sexo. Sólo tienes que reconocer qué ha ocurrido que te ha hecho desaparecer, desconectar o disociar. Habrá algo que haya sucedido, o algo que tu pareja haya dicho o hecho, o una forma de tocarte que haya desencadenado el recuerdo del abuso. Así que lo primero que puedes hacer es reconocerlo y hablar de ello. Pero la mayoría de nosotros mantenemos la boca cerrada, con nuestros cuerpos rígidos y congelados, nos separamos energéticamente. Cuando reconoces lo que ocurrió, puedes crear una nueva historia en el ahora, no sólo contigo mismo y con tu cuerpo, sino con la persona que tienes delante (¡o encima de ti o a tu lado!).

¿Volveré a Disfrutar del Sexo?

Puedes empezar a disfrutar del sexo de nuevo si estás dispuesto a permitir que tus necesidades importen. Esto requiere que te elijas a ti. También requiere que dejes de ser invisible. A su vez, requiere que detengas la guerra de juicios sobre ti. En el último capítulo, hablamos de reconectar con tus centros de placer y divertirte viviendo en tu cuerpo. Esto es comunión en todos los niveles de tu experiencia corporal y no es exclusivo del sexo.

Cómo Detectar Si Has Abandonado Tu Cuerpo Durante El Sexo

Si abandonas mental o emocionalmente tu cuerpo o el de tu pareja en medio del acto sexual, lo que puede haber estado sintiéndose bien de repente se vuelve pesado, constreñido y denso. Esa es la primera señal de que ha ocurrido algo que te ha provocado, causando que vuelvas a la jaula invisible. Podrías notar que te estás juzgando a ti mismo y que tienes pensamientos como: "Hazte presente. Esta es tu pareja. No estás sintiendo nada. Se dio cuenta de que ya no estás ahí."

También puede ser un auto-juicio sobre cierta parte de tu cuerpo lo que te hace entrar en la jaula. Tu pareja empieza a tocar una parte de tu cuerpo con la que no te sientes cómodo, como las caderas, y empiezas un diálogo interior contigo mismo. "¿Cómo pueden tocarme ahí? Me siento tan gordo y poco atractivo," y ahora te sientes pesado y constreñido por el hecho de que alguien te quiera y te desee. A medida que te repliegas más en tu cabeza, empiezas a separarte. Y, antes de que te des cuenta, te limitas a seguir los pasos y dejas de estar presente.

Estar Más Presente Durante El Sexo

¿Alguna vez has estado realmente presente durante el sexo? Si lo has hecho, habrás notado que es una experiencia mucho más agradable. Y si no lo has hecho, entonces la opción es reeducar a tu cuerpo y a ti mismo para que te sea posible.

Lo primero que tenemos que hacer es reconocer la energía que no nos permite estar sexualmente presentes. Es una llamada de atención para salir de una realidad sonámbula. Puedes cambiar esta energía de muerte reconociéndola, cuestionándola, abrazándola y encarnándola. Es muy parecido a surfear una ola en el océano. ¿Has intentado alguna vez luchar contra una ola en el océano? Ella gana. Tú pierdes. Sin embargo, si surfeas la ola dentro y fuera, dentro y fuera, te diviertes mucho y consigues montar la ola hasta la orilla.

En lugar de intentar arreglarte a ti mismo, o llamarte
a ti mismo un problemao tener un problema que necesita
ser resuelto, o juzgarte por ello, ¿qué tal si empiezas a reconocer tu
cuerpo por ser la presencia que es?

¿Y si reconoces tu cuerpo ahora mismo, en este momento?
Pon tu mano en el timo (centro del corazón) y la otra en el hueso púbico.
¡Respira!
Di: "¡Hola, Cuerpo! ¡Hola, Cuerpo! ¡Hola, Cuerpo!"
¡Respira!

Recuerda que sólo hacemos algo porque hay un beneficio en ello. La cuestión es que el beneficio se obtuvo en un momento, un lugar, una situación y, por lo general, una edad muy anterior a la actual. Esencialmente, la decisión es obsoleta, pero el comportamiento sigue siendo actual.

Para ir más allá del antiguo espacio de salir de tu cuerpo, estás empezando a mirar las necesidades de tu cuerpo como una posibilidad en lugar de una limitación. La limitación sería separarte de ti mismo y seguir con el acto, y no hacer nada al respecto. La posibilidad sería reconocer, durante el acto, lo que está sucediendo. Comprueba el interior de tu cuerpo y mira cómo está. ¿Es denso, pesado y constreñido o ligero, expansivo y libre? ¿O es un poco de ambos? A continuación, pregúntate qué necesita tu cuerpo para cambiar el patrón.

EJERCICIO DE DIARIO PERSONAL: CONSCIENCIA SEXUAL

Hazte las siguientes preguntas

¿Cuál es el beneficio de que yo desaparezca durante el sexo?

¿Cómo me ha beneficiado?

¿Me ha mantenido a salvo o me ha protegido?

¿Me ha dado el control en algún nivel?

Si pudiera pedir algo durante esos momentos, ¿qué querría? Es probable que nunca te hayas atrevido a detener a alguien durante el sexo, o tal vez lo hagas siempre. En cualquier caso, ¿te gustaría cambiar algo aquí? Y, si es así, ¿qué?

Despertar

Al iniciar una conversación sobre si estás desapareciendo durante el sexo, lo que realmente te estoy invitando a hacer es a despertar. Esto significa despertar a ti. Despertar incluye echar un vistazo a lo que estás eligiendo en algún nivel, consciente o inconscientemente, para ver si está funcionando para ti. Simplemente iniciando un diálogo contigo mismo entorno al sexo, empezarás a comprender lo presente que estás en realidad.

Hay que ser valiente para estar realmente presente y observar lo que ocurre en tu relación sexual con tu pareja, porque eso significa que las cosas pueden cambiar.

> *¿Estás más interesado en que las cosas sigan igual o estás más interesado en ser sincero contigo mismo?*

Tomar la decisión de estar presente durante el sexo te permite vivir de forma más consciente y auténtica en una multitud de niveles. Cuando eliges estar conectado en el sexo, permites que el acto sexual sea nutritivo y te honre en lugar de estar desconectado y sin cuerpo. En el proceso, pones fin al ciclo de abuso. Es elegir lo que es más amable para tu cuerpo, tu sexualidad y tu ser. Y es una de las claves para vivir radicalmente vivos.

Una de las cosas que siempre le digo a la gente cuando trabajo con ellos es que se asocien al tiempo y al lugar: "Vale, este es mi marido, esta es mi pareja, son las 2 de la tarde del sábado. Esta es la persona que amo, esta es la persona con la que elegí tener una relación". Luego pregúntale directamente a tu cuerpo: "Cuerpo, ¿qué te pasa?"

A medida que te conectas con tu cuerpo y empiezas a escucharlo, ésta es una forma de ir más allá de la muerte a la vivacidad radical, de ir más allá del piloto automático al compromiso, y de ir más allá del sufrimiento a la alegría. Porque en ese momento, lo único que ocurre es que te has separado de tu marido o de tu pareja. En ese momento, te estás separando de recibir. Este es un patrón: una forma de ser que te separa de todos los niveles de recibir, ya sea recibir financiera, emocional, física o sexualmente.

En resumen, las dos formas más comunes de experimentar problemas en relaciones cuando hemos sido abusados es la invención de problemas y la desaparición durante el sexo. Estos problemas no son exclusivos del abuso, pero definitivamente prevalecen en muchas personas que han sido abusadas. Adquirir más consciencia sobre el hecho de que nos inventamos problemas y conectarnos más con el cuerpo cuando lo hemos dejado, son dos formas de resolver estos desafíos y estar más presentes en la relación.

En el próximo capítulo, exploraremos la tercera forma en que el abuso impacta en nuestras vidas, y es en el área de la carrera y el dinero.

Capítulo Siete

El Dinero y La Carrera Profesional

¿Has notado que el abuso también se manifiesta en tu dinero, tu carrera y tus finanzas? Puede que sea menos obvio que en tu cuerpo y en tus relaciones, pero sigue desempeñando un papel importante. A menudo, la forma en que nos valoramos a nosotros mismos como resultado del abuso y el nivel en que nos permitimos recibir están directamente relacionados. Nos conformamos con trabajar para un jefe o alguien que no es amable. Ponemos en peligro nuestros sueños y socavamos nuestro valor en el proceso. Todas estas son formas de autoabuso. Cuando pensamos en el abuso, tendemos a pensar en el abuso físico y el abuso sexual. Pero no sólo las personas que han sufrido abusos suelen tener una relación tumultuosa con el dinero. También es una de las formas en que abusamos de los demás en las relaciones.

En este capítulo, vamos a centrarnos en cómo puedes haber bloqueado el flujo de dinero en tu vida debido a la programación y el condicionamiento. También veremos cómo puedes haber permitido que otros abusen de ti en torno al dinero y las finanzas.

Abuso En Torno Al Dinero

El abuso del dinero es un poco más difícil de diagnosticar. A menudo no somos conscientes de las creencias o puntos de vista que mantenemos en torno al dinero, o del secretismo y la vergüenza que arrastramos y que se convierte en una sombra en torno a la forma en que interactuamos con el dinero.

Esta sombra en torno al dinero siempre está ahí, acechando en el fondo. No sabes lo que es, simplemente se siente "raro" o "mal". No estás muy seguro porque no parece un abuso, al menos no de la forma en que lo hacen el abuso físico o sexual.

Tus Programas de Dinero

Puede que no haya mayor manipulación que el control y la manipulación con el dinero en el lugar de trabajo, en las familias, en las iglesias, en los cultos y en las religiones. Todo es una forma de adoctrinamiento. Es una forma de mantener a los seres radicalmente vivos que realmente somos limitados, constreñidos y contenidos de una manera determinada. Es la forma en que se nos controla y se nos enseña a permanecer pequeños.

Desde que nacemos, recogemos inconscientemente todo tipo de ideas entorno al dinero. Nos dicen: "El dinero es la raíz de todos los males" o "No te hagas demasiado grande para tus pantalones". A menudo se nos programa para no ir más allá de lo que nuestras familias han ganado. Gran parte de nuestra programación cultural es que la mediocridad es algo bueno, algo por lo que debemos trabajar. Y entonces desarrollamos nuestras vidas de acuerdo con estos programas inconscientes, mientras una parte más profunda de nosotros sabe que debe haber más de lo que nos hemos conformado.

En uno de mis programas de radio fui host junto con Simone Milasas, una mentora de negocios de renombre mundial. Le pregunté a Simone cuáles eran los mayores bloqueos que veía en las personas a las que entrena para tener una relación comercial más alegre. Destacó que el origen de los bloqueos de la mayoría de las personas era su incapacidad para superar su historia en torno al dinero.

Compartió cómo un amigo suyo había experimentado una forma sutil de abuso en torno al dinero. Sus padres solían discutir todo el tiempo diciendo: "no podemos hacer esto porque tenemos un hijo" o "no tenemos dinero ahora porque tenemos un hijo". Él era hijo único. Creció toda su vida pensando: "mis padres no tienen dinero porque me han tenido a mí" y "tengo que compensar el daño que he hecho al nacer".

En la época del programa, seguía viviendo con sus padres. Trabajaba e intentaba mantenerlos en lugar de crear su propia vida. Es un mensaje que recibió insidiosamente a lo largo de su infancia, y sigue eligiendo vivir esa historia en el presente.

Este tipo de patrones que aprendemos se convierten en una forma de mimetización biomimética. Si recuerdas el capítulo cuatro, esto es cuando repetimos lo que nos han enseñado. Seguimos abusando de nosotros mismos entorno al dinero repitiendo las condiciones de nuestra programación temprana. Se nos enseña a reproducir el dolor, las decisiones, los juicios, los caminos y las realidades de otra persona en torno al dinero sin siquiera saberlo, lo que disminuye efectivamente nuestra capacidad de elegir nuestra propia realidad en torno a él.

Abusar de Nosotros Mismos Al No Pedir Dinero

No son sólo los patrones del pasado los que se convierten en nuestro abuso entorno al dinero. También podemos descubrir que abusamos de nosotros mismos al no pedir dinero. Una forma de hacerlo es fingir que el dinero no es tan importante o que podemos prescindir de él. En otros casos, tenemos miedo de reclamar nuestro propio valor. Sólo pedimos una pequeña cantidad de dinero en lugar de pedir lo que valemos.

El universo está ahí con mucho que ofrecer, y nosotros ni siquiera lo pedimos.

Simone Milasas

Hay una gran diferencia entre lo que necesitas para vivir y lo que requieres para vivir una vida llena de posibilidades. De nuevo, esto se basa en tu pasado. Quizás te regañaron por pedir lo que querías, o te enseñaron a hacerte el pequeño. La pregunta es,

➤ *¿Sigues viviendo de este regaño?*

➤ *¿Sigues haciéndote el pequeño y pidiendo menos porque alguien te lo enseñó?*

➤ *¿Y si, en cambio, realmente se te permitiera pedir dinero, y no sólo lo suficiente para pagar las facturas?*

En nuestra entrevista, Simone dijo: "Creo que tenemos mucho más valor que el de pagar las facturas. Es como si tú fueras lo que tiene valor, no las facturas. ¿Qué pasaría si empezaras a reconocerte y a valorarte? ¿Cómo sería eso?".

EJERCICIO DE DIARIO PERSONAL: CONSCIENCIA DEL DINERO

¿Quién te ha dicho que no puedes "pedir más"?

¿A quién imitas en consecuencia?

¿Cuánto estrés hay en tu vida a causa del dinero?

¿Te das cuenta de que esto es una forma de autolimitación y abuso?

En mi libro, *Las Mentiras Del Dinero*, y en mis talleres sobre el dinero, hago estas tres preguntas:

➤ ¿Quién estás siendo?

➤ ¿Qué estás siendo?

➤ ¿Qué mentira te estás comprando?

Lo que he descubierto es que un problema de dinero es generalmente un problema de "recibir". Dependiendo de lo que signifique recibir para ti, puedes proyectar esas ideas sobre el dinero (y otras formas de recibir). Por ejemplo, vas a tomar un café. Estás lidiando con las finanzas y sientes una carencia y estrechez entorno a todo, lo que hace que te pongas tenso con el dinero. Cuando pagas el café, en lugar de dejar la propina de un dólar que sueles dejar, optas por no dar propina porque estás preocupado por el dinero. Esta es una oportunidad para un momento de Crecimiento Postraumático, para hacer una pausa y preguntarte: "¿Quién estoy siendo?" (mi madre), "¿Qué estoy siendo?" (penosa), y "¿Qué mentira me estoy creyendo?" (tengo poco dinero, así que no puedo dar una propina). Una vez que reconoces que se trata de una mentira, ahora te sientes libre de dar la propina para romper el ciclo.

ESTRÉS Y MALESTAR ENTORNO AL DINERO

Si la deuda de la tarjeta de crédito y la forma en que usas el dinero te están creando estrés, toma consciencia de ello y acéptalo. La mayoría de la gente no quiere mirar sus problemas de dinero o sus cuentas bancarias. No quieren saber cuánto necesitan generar y crear cada mes. Sólo quieren permanecer en esa rueda de hámster. Se encierran en la creencia de "si sólo gano esta cantidad, estaré bien". Sin embargo, para que algo cambie, tienes que ponerte *incómodo* y mirar todos los aspectos. Si tomas consciencia de todo lo relacionado con el dinero, puedes permitirte generar y crear mucho más allá de tu zona de confort actual.

El dinero existe desde hace mucho tiempo. Incluso cuando intercambiábamos huevos por cerdos, como hacíamos en el sistema de trueque, eso seguía siendo una forma de dinero. Has creado una serie de puntos de vista fijos entorno a él, así que sé amable contigo mismo. Pero tampoco abuses de ti mismo. Ten disposición a que se produzca el cambio, pero si no cambia de la noche a la mañana, no te juzgues ni abuses de ti mismo por ello.

Simone Milasas

PREGUNTAS DEL DIARIO PERSONAL: ¿CÓMO SE HABLA DE DINERO?

¿Qué ocurre cuando hablas de pedir que aparezca más dinero? ¿Estás dispuesto a recibirlo?

¿Esta conversación se siente ligera o pesada en tu cuerpo?

¿Qué sucede con tu energía cuando dices no puedo permitirme eso o no puedo ir? ¿Tu cuerpo se siente ligero o pesado?

¿Qué estás creando entorno al dinero a través de las palabras y el lenguaje que utilizas?

En realidad, se trata de una elección para despertar y dejar de abusar de uno mismo en todos los niveles, incluso con el dinero. La gente me dice a menudo: "No es tan fácil dejar de abusar de uno mismo". En realidad, lo es. Es fácil si recuerdas que todo es una elección y eliges despertar a lo que estás haciendo. En realidad, puedes tomar la decisión de cambiarlo si te das cuenta de lo que ocurre internamente y, en ese momento, te paras a hacerte este tipo de preguntas:

➤ ¿Esto es ligero?

➤ ¿Se siente bien?

➤ ¿Esto me está destruyendo o abusando de mí?

➤ ¿Esto me nutre?

➤ ¿Está creando el futuro que deseo?

LA INTIMIDAD DEL DINERO

¿Qué grado de intimidad tienes con tu dinero? En otras palabras, ¿cuánto sabes sobre el dinero que estás fingiendo no saber o negando que sabes? Cuando nos permitimos saber lo que realmente sabemos sobre el dinero, en lugar de operar a partir de lo que nos han enseñado o aprendido, se puede abrir un increíble flujo de abundancia en nuestras vidas y nuestro vivir. Sin embargo, dentro de la jaula del abuso, estás encerrado en puntos de vista fijos, limitaciones y creencias como: "Soy mercancía dañada, y soy defectuoso o hay un límite para lo que puedo recibir". Estas ideas aprendidas y sistemas de creencias convierten al dinero en algo que tiene un superpoder sobre ti y que permites que te devalúe y te degrade.

Es importante señalar que nuestra consciencia es un vasto colectivo de energía e información almacenada desde el principio de los tiempos. Culturas enteras, familias e individuos pueden mantener creencias limitantes sobre el dinero y el recibir desde la época romana. ¿Conoces tu historia ancestral y tus puntos de vista entorno al dinero? Nuestra consciencia puede llevar la devaluación y la degradación de esos primeros sistemas. Comprender esto podría hacerte cuestionar si lo que crees es realmente tuyo.

Dinero "Sucio"

Nuestra relación con el dinero a menudo nos lleva a prostituirnos. No hablo de vender nuestros cuerpos por sexo. Hablo de hacer un trabajo que no queremos hacer a cambio de dinero. Mucha gente se encuentra trabajando en una profesión que no le gusta o que sus padres querían que siguiera porque el dinero es mejor que ser un "artista muerto de hambre". La pregunta es, ¿te satisface tu trabajo? ¿O te sientes agotado al final del día?

También tenemos un punto de vista sobre la procedencia del dinero y el tipo de dinero que aceptaremos o no en nuestras vidas. Esto puede crear una "desinvitación" diaria del dinero.

Dinero polvoriento, dinero de la droga, dinero malo, dinero bueno, dinero limpio, todo gira en torno a la idea de que uno se ensucia con el dinero. Nos juzgamos a nosotros mismos por ciertas cosas entorno a lo que es aceptable hacer por dinero y también por lo que no es aceptable.

Kass Thomas

EJERCICIO DE DIARIO PERSONAL: AFIRMACIÓN DEL DINERO

En todos los lugares en los que hoy he "desinvitado" el dinero, lo revoco y lo recibo ahora. ¡Gracias! ¡Estoy agradecido y pleno!

En todos los lugares en los que he "desinvitado" recibir hoy, lo revoco y lo recibo ahora. ¡Gracias! ¡Estoy agradecido y pleno!

En todos los lugares en los que he "desinvitado" que yo fuera yo hoy, lo revoco y lo recibo ahora. ¡Gracias! ¡Estoy agradecido y pleno!

Todo esto contribuye a la sombra que tenemos entorno al dinero, que nos mantiene encerrados en nuestra jaula invisible. Cuando no permitimos que el dinero sea moneda y fluya con fluidez en nuestras vidas, tendemos a caer en los comportamientos de las 4 Des (negar, defenderse, disociarse, desconectarse) y esto, entonces, crea nuestra "realidad financiera".

En resumen, hay varias formas sutiles y manifiestas en las que abusamos de nosotros mismos con el dinero. Ponemos limitaciones a lo que creemos que podemos recibir, basándonos en nuestras experiencias y programación. A veces nos devaluamos porque fuimos devaluados en situaciones de abuso. Para tener intimidad con el dinero, tenemos que reconocer lo que nos pertenece, y lo que estamos comprando que pertenece a otras personas. Nos damos cuenta de que lo que hemos creído como verdad sobre el dinero es en realidad una mentira que hemos estado creyendo, y todo el tiempo creando exactamente lo contrario de lo que realmente deseamos. Dado que el dinero es a menudo un área en la que cortamos nuestra consciencia, podemos ganar mucho si exploramos nuestra relación con él. Entonces se puede hacer una elección diferente.

PARTE TRES

Más Allá Del Abuso y Vivir Radicalmente Vivo

Capítulo Ocho

Hacerse Amigos De La Jaula Del Abuso

Cuando hablo de hacerse amigo con la jaula del abuso, me refiero a conectarse con uno mismo desde un lugar más allá de la demencia que creó la jaula en primer lugar. Hacerse amigo de la jaula del abuso significa conectarse con la libertad, la alegría y la posibilidad que existe independientemente de la jaula. No tienes que recuperar nada para salir de la jaula, y aquí es donde mi enfoque difiere radicalmente de lo que puedes haber experimentado antes. En vez de eso, aprenderás a elegir desde más allá de lo ocurrido.

Podrás aprender cómo elegir más allá de continuar con la perpetración. Descubrirás cómo vivir sin hacer que lo que te ocurrió (ya sea un solo acto o una serie de eventos) dirija toda tu vida. En mi caso, elijo no permitir que el abuso que experimenté me defina. Es un proceso continuo en el que elijo activamente cómo aparecer en cada momento y difiere mucho del modelo de terapia. Esto contrasta con la creencia de que hay algo roto que necesita ser arreglado y que, cuando se arregle, todo volverá a estar bien. Tuve una experiencia a los tres años en la que, durante un horrible abuso, mi consciencia abandonó mi cuerpo y observó la violencia y la violación que se producía en mi pequeño y dulce cuerpo. Recuerdo que decidí que no importaba lo que "ellos" le hicieran a mi cuerpo, nunca me tendrían a MÍ y nunca podrían quitarme mi elección de ser YO. Tú sigues teniendo elección ahora mismo, al igual que yo entonces, aunque puedas estar luchando contra el dolor o la negatividad. El ser que eres nunca, nunca puede romperse. Puedes sentirte roto, pero nunca puedes, en verdad, estar roto.

Hay una cosa que sé: cada uno de nosotros tiene una historia.

Cada uno de nosotros colecciona golpes, magullones e incluso cosas peores a lo largo del camino.

También creo que, más allá de las indignidades, los abusos, los traumas o los contratiempos que suframos, NUNCA estamos rotos. La felicidad es para todos.

Jewel

Lo que he descubierto al apoyar a miles de personas de todo el mundo a superar los abusos es que no salimos de la jaula con una solución rápida. Primero tenemos que aumentar nuestra consciencia (enmarcamos la jaula) como lo estamos haciendo ahora. "Oh, eso es lo que es", es algo que oigo decir a menudo a la gente. Estamos dando palabras a un sentimiento que se ha sentido, pero que nunca se reconoce y suele quedar sin nombre. A menudo digo que es como si hubiera un elefante cagando en la habitación todo el tiempo, y todo el mundo lo estuviera rodeando en silencio. Ya no lo ignoramos. Apesta, y nos enfrentamos a ello.

A lo largo del resto de este libro vamos a profundizar en nuestra consciencia de la jaula invisible. También voy a compartir contigo herramientas y procesos que no sólo aumentan tu consciencia, sino que también te ayudan a elegir más allá de la jaula.

CONSCIENCIA

Como has leído a lo largo del libro, una de las principales herramientas que sugiero que utilices para vivir más allá de la jaula es la consciencia. Esto significa ser consciente de cuándo estás operando desde dentro de la jaula, y darte cuenta en cuanto la jaula se ha disparado. Uno de los participantes en mi programa de radio me preguntó: "¿Cuál es la diferencia entre ser consciente y estar alerta?". Es una pregunta importante.

Probablemente estés muy familiarizado con el hecho de estar alerta. Cuando estás alerta estás operando desde un estado de hipervigilancia *desde dentro de la jaula*. Es un estado en el que esperas que alguien te fastidie. Es como vivir en alerta roja.

La consciencia es diferente. Cuando eres consciente, estás conectado a una consciencia universal e infinita. No te alineas ni estás de acuerdo con nada, y no te resistes ni rechazas nada. En otras palabras, no te sientes apegado a tu punto de vista ni necesitas defenderlo. Simplemente lo notas. Te conviertes en un observador, o testigo, y eliges responder de la manera más elevada y mejor para ti.

EJERCICIO DE DIARIO PERSONAL: LIGERO Y PESADO

Para hacer elecciones desde la consciencia, puedes empezar a determinar lo que se siente ligero o pesado para ti. Lo que se siente ligero es lo que deseas o lo que es verdadero para ti, y lo que se siente pesado es lo que no te sirve o es una mentira para ti. *

Piensa en algo que deseabas y que ahora tienes. ¿Cómo te sentiste cuando lo recibiste?

Ahora piensa en una situación que te gustaría cambiar. Cuando la traes a la mente, ¿cómo se siente en tu cuerpo?

Haz un inventario de las personas y actividades de tu vida y observa cómo te sientes cuando piensas en ellas.

*Adaptado de Access Consciousness®.

Probablemente conoces las esquinas de la jaula mucho mejor de lo que conoces la libertad y la posibilidad.

> ➤ ¿Y si eliges la consciencia en cada momento?

> ➤ ¿Qué tan diferente sería tu mundo?

> ➤ ¿Qué pasaría si, en lugar de adormecerte o salirte, eligieras ser realmente consciente de lo que ocurre?

> ➤ ¿Qué es para ti la libertad?

> ➤ ¿Cómo sabrás cuando seas libre?

Hay otro factor importante a medida que aumentas tu consciencia y es que, cuando estés examinando la jaula, lo hagas desde un lugar sin juicios. Ten en cuenta que la limitación y la carencia a partir de las cuales se creó la jaula eran reales en el momento en que ocurrieron. Desde entonces, has estado creyendo en ella porque es lo único que sabías hacer. Ahora estás descubriendo que tienes elección, y que puedes elegir y crear tu vida a partir de esta nueva consciencia.

EJERCICIO DE DIARIO PERSONAL: CONOCER TU JAULA

Observa cuando estás en la jaula sin perderte en su forma o estructura, y hazte las siguientes preguntas sin "buscar" una respuesta. Sólo estate abierto a recibir una.

¿Esto me nutre?

¿Qué haría falta para cambiar esto?

¿Qué puedo ser, hacer, tener, generar o crear hoy que cambie esto de inmediato?

A continuación, empieza a dialogar con la jaula: "sé que estás tratando de protegerme. Has hecho lo mejor que podías hacer en ese momento. Eres mi aliada y estás intentando ayudarme".

Pregúntate: "¿Esto es divertido para mí? ¿Qué puedo ser, hacer, tener, generar o crear que *sería* divertido para mí?" Entonces, ¡HAZLO! La elección y la libertad se convierten ahora en tu realidad.

Recuerda que se trata de un proceso continuo y no de un ejercicio que haces por única vez. Es probable que tengas que repetirlo varias veces. Lo que necesitas en un momento para vivir desde más allá de la jaula puede ser totalmente diferente en otro momento. A medida que empieces a desglosarlo, surgirán diferentes aspectos de la jaula. La clave es prestar atención a los momentos en los que estás dentro de la jaula y luego hacer una elección diferente que te permita vivir más allá de ella.

SABER, SER Y PERCIBIR

En mi programa de radio he recibido varias llamadas que me han preguntado cómo "luchar para salir" de la jaula del abuso. La creencia de que tienes que luchar para salir de la jaula es generada por la energía de la experiencia original en la que todavía estás sintonizando. Nadie va a salir de la jaula del abuso luchando. Esto sólo creará más de lo mismo. En cambio, se trata de ser, saber y percibir algo diferente. Se trata de ir más allá de los sistemas de creencias que te han impuesto y que nunca te han pertenecido realmente. Sí, puede que los hayas asumido inconscientemente como tuyos, pero a menos que los elijas, no son realmente tuyos. Cuando intentas luchar para salir de la jaula, estás operando desde la misma energía destructiva con la que fue creada. Y no estás siendo tu propio amigo cuando lo haces.

También he escuchado a clientes decir: "Parece que no puedo llegar al fondo de la jaula". Quiero dejar claro que, aunque estemos utilizando la metáfora de una jaula y puedas visualizarla como algo tridimensional, la jaula no tiene fondo. Verla como algo que necesitas "llegar al fondo" es una conclusión que te mantendrá encerrado en ella. Si le das forma, estructura y significado a la jaula, seguirás creando más de ella. Si lo ves así, estás operando desde el viejo paradigma de tener que arreglar algo o llegar al fondo de algo para poder sanar.

Aunque sientas pena cuando empieces a ir más allá de la jaula, si te mantienes consciente, es probable que descubras que debajo de tu pena hay alegría. Puede que llores lágrimas, pero las lágrimas que sueltas son las que derriten los barrotes que te rodean. La elección crea la libertad en el momento que siempre has sabido que existe.

En resumen, hemos puesto nombre a aquello que probablemente te ha mantenido capturado en silencio durante años o incluso décadas. Es probable que toda tu percepción comience a cambiar cuando empieces a notar los patrones y programas que antes habías asumido que eran "tú", y ahora te das cuenta de que en realidad son un producto de la jaula. Seguiremos explorando la jaula invisible a lo largo de este libro, junto con más formas en las que puedes ir más allá de ella.

Capítulo Nueve

Una Conversación Revolucionaria Sobre La Esperanza

Si has vivido con el abuso, entonces puedes estar acostumbrado a vivir sin esperanza. Mi deseo es llevar un mensaje revolucionario de esperanza a todos los que han sufrido abusos, para que puedan ir más allá de lo que han experimentado. En mi trabajo, he descubierto que hay muchas personas en el mundo que piden, en el fondo, una nueva conversación sobre posibilidades.

Estoy llamando a un cambio radical en la forma en que el mundo ve, percibe y experimenta el abuso. No me tomo este papel a la ligera. Realmente creo que la cantidad de abusos físicos, emocionales y sexuales que he experimentado personalmente en esta vida ha sido una puerta de entrada para ayudar a eliminar el abuso.

Así que, en este capítulo, me gustaría comenzar esta conversación revolucionaria de esperanza que conduce a un nuevo paradigma de transformación del abuso, tanto dentro de ti, como en el mundo en general.

Más allá De Todo

Con el tiempo, he desarrollado una serie de programas para este propósito, incluyendo Vive tu ROAR[4], tu "**R**ealidad **R**adical y **O**rgásmicamente Viva". El concepto clave aquí es la idea de "más allá de todo". Lo que quiero decir con esto es que podemos ir más allá de los parámetros de cualquier cosa que se haya definido antes.

Echemos un vistazo a algunos de los preceptos involucrados en Vivir tu ROAR - y lo que "más allá de cualquier cosa" realmente significa en una base de momento a momento:

➤ Reconocer la jaula en la que has estado viviendo y que hasta ahora te ha mantenido en la historia interminable del abuso, la discapacidad y la limitación.

➤ Reconocer que tienes la capacidad de crear una nueva realidad y elegir despojarte de las estructuras y mentiras que hasta ahora te han mantenido en la jaula.

➤ Tener la voluntad de crear un cambio revolucionario en tu vida para vivir radicalmente vivo más allá de la jaula del abuso.

➤ Tomar decisiones que te parezcan ligeras y correctas (aunque otras personas te juzguen por ello).

➤ Crear una vida sin límites para ti, llena de posibilidades y de placer.

➤ Presentarte a vivir tu vida plenamente despierto, consciente y presente.

➤ Elegirte en cada momento y crear tu vida basándote en lo que te divierte y te nutre.

---

[4] *N. de T:* **ROAR** *por su nombre en inglés "Radically Orgasmically Alive Reality"*

Este trabajo requiere un profundo compromiso contigo mismo, una especie de ferocidad, si quieres, en su sentido más positivo. Es sacar a relucir tu presencia más potente.

"Más allá de todo" significa elegirte a ti, sin importar quién se vaya, qué muera, qué se acabe, qué relación dejes atrás, a qué negocio o carrera cambies, y quién o qué te deje ir.

Cuando entres en este proceso de descubrimiento y recuperación de ti, la vida cambiará tal y como la conoces. Para una de mis clientes, vivir "más allá de todo" significó tomar decisiones en su carrera que la llevaron de $20.000 dólares anuales cuando empezamos a trabajar juntas a $244.000 dólares en varios años. En sus palabras, el proceso fue un reto, pero los resultados la hicieron seguir adelante.

Mi trabajo me lleva por todo el mundo, pero tanto si estoy en casa como de viaje, siempre estoy trabajando constantemente en mi propia consciencia y percepción utilizando todas las herramientas a mi disposición. Cuando facilito a los demás el crecimiento personal y la transformación profesional, al mismo tiempo hago lo mismo para mí. Me encantaría decirte que todo resulta fácil el 100% de las veces, pero eso no sería cierto. Ha estado envuelto en una buena cantidad de dolor físico y viejos traumas que afloran en mi propio cuerpo. Llegué a comprender que, en mi vida, estaba llegando más allá de todo lo que había alcanzado antes y más allá de mis propios puntos de referencia. Y aunque puede ser incómodo e intenso, es una elección reconocer cualquier barrera, intensidad y dolor que se produzca. Es una elección para dejar de lado las limitaciones con las que nos hemos definido a nosotros mismos y a nuestra vida. La elección siempre está ahí para nosotros:

➤ ¿Elegiré la ligereza y la alegría por encima de todo?

➤ ¿Elegiré la energía, el espacio y la consciencia de una nueva posibilidad para mí?

- ➤ ¿Elegiré más allá de la pesadez y el dolor, el sufrimiento, el trauma, el drama y la lucha?

- ➤ ¿Qué se siente expansivo y divertido para ti?

- ➤ ¿Qué se siente pesado y ominoso?

- ➤ ¿Cuál es el beneficio de sentirse pesado y ominoso?

Tu cuerpo tiene la capacidad de decirte estas cosas, pero si no estás acostumbrado a comprobarlo, puede parecerte extraño. Cuanto más practiques este tipo de consciencia, más fácil y cómodo te resultará.

EJERCICIO DE DIARIO PERSONAL: NUEVAS ELECCIONES

¿Cuál es la elección que podrías hacer ahora mismo y que has estado resistiendo, que podría llevarte a la ligereza y el gozo? ¿Cómo luciría esta nueva posibilidad para ti?

UN CASO DE ESTUDIO: CLIVE

Clive asistió a mi taller de un día "Radicalmente Vivo Más Allá Del Abuso" en Australia. Tenía más de 60 años y nunca había hablado de sus abusos sexuales. Había sido violado y sodomizado por su abuelo durante 10 años cuando era un joven adolescente hasta sus 20 años, y lo había mantenido en secreto. Sólo habló de ello con otra persona antes de entrar en mi taller en Australia. Nunca había hecho ningún tipo de terapia.

Cuando facilité a Clive, la sesión completa duró unos 45 minutos y fue delante de toda la clase. Él había dicho al principio del día: "No estoy muy seguro de por qué estoy aquí. No estoy seguro de lo que voy a conseguir estando aquí, pero sabía que tenía que venir". En cuanto dijo eso, supe que, si me permitía facilitarle, el cambio se pondría en marcha instantáneamente.

Fue una de esas experiencias en las que nos disparamos mutuamente, con preguntas y respuestas que iban y venían como un partido de ping-pong. Era como si algo en él dijera: "Por favor, saca esto de mi cuerpo. Déjame hablar de esto. Ya no quiero esto".

A través de las preguntas, las respuestas, el uso de las herramientas y las técnicas, y mi educación y formación con respecto al trauma y el abuso, pude facilitar a Clive un espacio de ser en sí mismo que estaba más allá de las palabras. Al final de la sesión, parecía un joven hermoso e inocente que acababa de deshacerse de eones y vidas de dolor, trauma, pesadez y peso de esos 10 años en los que había sido violado y sodomizado. Cuando reflexiono sobre esa sesión, recuerdo su belleza y no su dolor. En menos de 45 minutos, se liberó algo que alguien había llevado en su cuerpo durante décadas.

Cuando estamos abiertos a soltar, con las herramientas adecuadas y la facilitación correcta, podemos cambiar enormemente en un corto espacio de tiempo. La desesperanza, en cambio, te encierra en la jaula del abuso. Clive se presentó a una clase sin saber nada de ella, pero sabiendo que quería ir más allá del abuso, y se hizo un regalo en el proceso. Me dijo que ahora experimenta una libertad y un espacio más allá de lo que jamás había imaginado.

RECIBIR

Una vida más allá del abuso significa permitirse recibir más, y recibo muchas preguntas sobre cómo hacerlo. Esta es mi respuesta: Es como montar en bicicleta o ir al gimnasio. Es un músculo que tienes que seguir estirando. Es una experiencia para la que puedes necesitar algunas ruedas de entrenamiento al principio. Hay cosas que recibo muy bien ahora, pero tuve que aprender practicando el recibir.

La idea de recibir se distorsiona a través de los ojos de alguien que ha sido maltratado. En mi caso, lo que creía que era recibir era en realidad que alguien me juzgara o me dijera "vete a la mierda". Lo que creía que era recibir era que alguien me denigrara hasta el punto de llamarme estúpida o algunos de los apodos degradantes que me ponía mi familia. Lo que yo pensaba que era recibir era ser violada, o agredida sexualmente, o ser insultada por ser pesada. Eso es lo que significaba para mí recibir. Y durante mucho tiempo, en eso basé mi realidad. Entonces, ¿cómo aprender a recibir cuando tus percepciones entorno a ello han sido retorcidas?

Si Es Ligero, Está Bien

Hay una regla de oro para recibir:

Si es ligero, está bien.

Si tu cuerpo siente algún tipo de intensidad, o pesadez, o densidad o constricción, si bostezas o te disocias o quieres alejarte de la persona, algo está ocurriendo que no es recibir. Por ejemplo, alguien podría estar tratando de forzar algo en ti que no quieres. En ese momento tienes la opción de recibir lo que es ligero y correcto para ti. Cualquier cosa que sea pesada y densa, ponle fin. Esa es la primera y más importante acción de recibir.

Estírate Para Recibir Más

La segunda lección sobre el recibir es abrirse más allá de los límites percibidos para recibir. Imagínate a ti mismo estirándote para recibir el amor y el cuidado en cada músculo, ligamento, célula, tendón, órgano y sistema de tu cuerpo, incluso si oyes una vieja voz familiar que te dice que no lo mereces o que no es para ti. Es una práctica para seguir recibiendo más. Es totalmente diferente a los viejos patrones energéticos como la necesidad y el tomar de otros. Para mí, a menudo se trata de confiar en que la recepción no se va a volver contra mí como ocurrió tantas veces en mi pasado. Cuando hay un trauma en nuestra historia, puede que tengamos que hacer un poco de trabajo extra para recibir el amor que está ahí para nosotros, pero vale la pena. Recibir es un regalo que tú y tu cuerpo se merecen.

Si no tienes una relación actualmente, puedes practicar el recibir con otras cosas como el dinero, la comida, el ejercicio o tu propio cuerpo. Hay muchas formas en las que podemos estirarnos para recibir:

➤ Salir a caminar.

➤ Tomarse un día libre para cuidar de uno mismo.

➤ Recibir un masaje.

➤ Comprar algo para lo que tienes dinero, pero te has estado negando.

➤ Preparar una comida saludable para ti.

➤ Empezar un pasatiempo en el que estés interesado.

Todas estas cosas son formas de recibir. Y como todas las prácticas de este libro, no es un esfuerzo que realices una sola vez.

➤ ¿Cómo puedes recibir más cada día?

➤ ¿Y cómo puedes abrirte en este momento para recibir plenamente los regalos que están a tu disposición?

➤ ¿Y si, sólo por hoy, dejaras caer tu jaula y te libraras de tu puercoespín invisible?

> ➤ ¿Y si, sólo por hoy, te abrieras para que el Universo te muestre algo grandioso?

En resumen, nos estamos abriendo a una nueva forma de ir más allá del abuso y de iniciar una nueva y revolucionaria conversación de esperanza para la transformación. En este capítulo hemos empezado a tocar esa conversación, y en los capítulos siguientes aprenderás más herramientas prácticas para que pueda ir más allá de una mera conversación y convertirse en algo que puedas seguir materializando en tu vida.

Capítulo Diez

Herramientas Para El Cambio

Liberarse de la jaula invisible del abuso es un proceso. No es un acto de una sola vez o un truco que lo hace, por mucho que nos guste pensar eso. Algunas terapias sugieren que es así, pero este es un mito de sanación que nos han vendido. Muchos de nosotros hemos esperado ese momento. Según mi experiencia, no funciona así. Puedes dar un paso fuera y volver a entrar en la jaula. Así que, antes de continuar, quiero asegurarme de que elimines cualquier cosa errónea en ti sobre tu viaje de sanación personal. Si puedes permitirte volver a la jaula, y no operar desde un lugar de juicio si lo haces, todo el viaje será mucho más indulgente.

ENCONTRAR UN LENGUAJE PARA EL ABUSO

He descubierto que una de las formas de empezar a salir de la jaula del abuso es entablar una conversación que te permita ir más allá de la vergüenza de lo ocurrido. Hay un término en psicología que se llama "alexitimia". Es la incapacidad de identificar las palabras y los sentimientos que se relacionan con tu experiencia de abuso. ¿Cuántas veces te has dado cuenta de que cuando has abierto la boca para hablar de ello, no te han salido las palabras? Esa es la parte de ti que no ha sido capaz de expresar y articular tu experiencia, una voz que puede guiarte fuera de la jaula.

LAS 3 ETAPAS DE LA ELECCIÓN

Es probable que durante algún tiempo hayas consentido la historia del abuso. La siguiente etapa consiste *en darse cuenta* de que estás consintiendo la historia del abuso. La siguiente etapa es *dejar de definirte* a través de la historia. El proceso se parecerá a esto:

1. No sabía que había otra opción.

2. Me di cuenta de que había otra opción, pero no sabía cómo tomarla.

3. Me di cuenta de que había otra opción y pasé a la acción.

El tercer paso es en el que nos centramos en este libro. Es el paso en el que salimos de la jaula y entramos en la vivacidad radical.

IR A ANTES DEL ABUSO

Uno de los elementos clave para sanar el abuso es recordar cómo eras antes de que se produjera el abuso, lo que puede implicar tanto la memoria como la imaginación. Digo ambas cosas porque, dependiendo de la edad en la que se produjeron los abusos, puedes tener recuerdos claros de cómo eras en vida. A veces, sin embargo, la gente tiene que usar su imaginación para visualizar quiénes eran. Una vez que son capaces de hacerlo, pueden empezar a fijar en su cuerpo nuevos recuerdos de cómo se siente la seguridad y el amor.

En mis talleres, hago que la gente se remonte a un espacio y un tiempo anteriores a los abusos y comulguen con las moléculas de su cuerpo desde ese lugar. Esto significa recordarse a sí mismo a nivel molecular como el ser verdaderamente magnífico que era antes de que ocurriera el abuso. Quiero llevarte a antes de que fueras violado, y antes de que la jaula entrara en su lugar y empezaras a vivir desde dentro de su visión distorsionada de la realidad. Es el lugar antes de que la negación, la defensa, la disociación y la desconexión fueran el combustible de tu cuerpo. Es el lugar antes de que operaras desde tus sistemas de respuesta automática y tu alerta roja.

La verdad es que hay una perfección de ti que existe fuera de tu visión actual de ti mismo. No me refiero a la clase de perfección en la que lo haces todo bien. Estoy hablando del tipo de perfección en la que te ves a ti mismo, más allá de tus defectos percibidos. Estoy hablando de que vivas desde un lugar de unidad en lugar de un lugar de separación. Hablo de que te muestres en el mundo con el conocimiento de que el universo te respalda. Incluso si dices que nunca has tenido eso, voy a pedirte que te estires más allá del pensamiento de "no puedo" o "no lo haré" o "le pasa a todos los demás y no a mí".

En el capítulo cuatro, hablamos de la mimetización biomimética, y de todas las formas en que puedes haber asumido el dolor de otras personas como propio. Hasta ahora, esto ha sido como una burbuja a tu alrededor. La verdadera comunión es un retorno a un lugar y tiempo en tu cuerpo que te recuerda más allá de esta burbuja. Recuerda cómo se siente el amor, la aceptación, el descanso, la nutrición, la seguridad y la conexión. Es un espacio dinámico en tu cuerpo que vibra y pulsa, *baila,* con la unidad, la libertad, el espacio y la consciencia.

Permítete confiar en la alegría y abrázala.

Descubrirás que bailas con todo.

Ralph Waldo Emerson

Es el saber, el ser, el percibir y recibir el increíble ser que realmente eres. Es un conocimiento profundo de que no hay nada malo en ti y nunca lo ha habido. Lo único que está verdaderamente mal es que has estado viviendo en una historia de encarcelamiento, dolor y trauma, que te ha encapsulado efectivamente en una jaula invisible de abuso.

Lo que está mal es tu desconexión con el hermoso tú que recuerda y vive desde tu verdadera naturaleza esencial.

UN CASO DE ESTUDIO: EMMA

Cuando trabajaba con Emma, le pregunté cómo era su cuerpo antes del abuso. Lo describió como libre, juguetón e imaginativo. Recordaba lo creativa y poderosa que había sido en esa época. De niña, sentía que había magia en la punta de sus dedos y que podía hacer cualquier cosa que soñara desde ese lugar. Había una inocencia infantil presente.

A medida que se adentraba más en este espacio a nivel molecular, sentía que podía correr libremente. Recordaba no tener ninguna preocupación en el mundo. Podía generar y crear cualquier cosa que quisiera. Sintió todo esto como una experiencia real, y esto provocó un cambio correspondiente en su relación con su cuerpo.

Un punto clave que hay que entender es que las moléculas con las que estás en comunión existían antes del abuso. Nunca desaparecieron y nunca se las quitaron. Cuando no entendemos esto, pensamos que tenemos que encontrar algo que hemos perdido. No se ha perdido nada. Es sólo que han estado ocultas bajo la historia del abuso y todo lo que decidiste como resultado de ese abuso, incluyendo las ideas sobre cómo superarlo, sanarlo y cambiarlo.

EJERCICIO ENERGÉTICO: COMUNIÓN CON LAS MOLÉCULAS

Permítete volver al menos a un momento en el que tu cuerpo vivió en el espacio del descanso, la nutrición, la seguridad, el amor y la aceptación. Es el espacio de la verdadera comunión, donde sabes que el universo sostiene tu espalda y siempre quiere amarte, apoyarte y contribuirte.

Di en voz alta un tiempo, una edad y un lugar antes de que ocurriera el abuso. Para llegar al espacio de comunión antes y más allá del abuso, debes estirarte hacia la posibilidad de que hubo un espacio antes de que ocurriera.

Permite que tu cuerpo se expanda hacia más de ese sentimiento. Después, ve a hacer alguna actividad que coincida con ese sentimiento. Puede ser algo tan sencillo como: tomar un baño caliente, encender una vela, escuchar una pieza musical, pasear por la naturaleza o jugar con tu mascota.

Te recomiendo que hagas este ejercicio al menos una vez al día. Observa si hay cambios en tu energía mientras haces este ejercicio: ¿Hay una brisa fresca o una ligereza? Si tienes, aunque sea una pequeña sensación de que algo cambia, estás experimentando la comunión antes del abuso a más allá del abuso.

Sanar del abuso según este nuevo modelo implica una elección, aunque la elección de superar el abuso volviendo atrás antes de que ocurriera puede parecerte imposible al principio. La historia del abuso ha estado ahí durante mucho tiempo. Puede que nunca hayas estado sin él. Puede ser necesario un cambio radical de perspectiva para considerar siquiera la posibilidad de superarlo.

EJERCICIO DEL DIARIO PERSONAL: ELEGIR DE FORMA DIFERENTE

¿Has visto la película *El Día de la Marmota* en la que el protagonista vive el mismo día una y otra vez? ¿Cómo has vivido tú el mismo día una y otra vez?

¿Qué te haría falta para elegir más allá? ¿Cómo podrías elegir de forma diferente?

Parte de la superación de la jaula es el descubrimiento de que eres más que el abuso. Hay un tú separado del abuso y separado del abusador. Hay un tú más allá de todo lo que te ha pasado. Y es una elección para ir más allá de cualquier cosa que hayas decidido por ello. Esto permite que el abuso pase a un segundo plano para que haya espacio para que generes y crees tu realidad.

Los siguientes siete pasos te apoyarán en este proceso de definir tu propia realidad como distinta y separada. Ten en cuenta que cada paso se basa en el otro, así que no esperes marcarlos como si se tratara de una "lista de cosas por hacer". No se trata de eso. Cada paso es un punto de luz en tu consciencia que te da más opciones a medida que avanzas en tu viaje para liberarte.

Paso Uno: Reconoce tu jaula y reconoce el hecho de que no está funcionando para ti.

Paso Dos: Elige mirar tu jaula en lugar de negarla o defenderla.

Paso Tres: Toma la decisión de liberarla. Decide que vas a cambiarla.

Paso Cuatro: Busca apoyo y comparte tu historia. Recuerda que esto es diferente a compartir el dolor. En lugar de eso, encuentra a alguien que te empodere y con quien puedas compartir: "Esto es lo que está pasando, ¿cómo puedo superarlo?". Con el apoyo, puedes empezar a construir la consciencia dentro de ti.

Paso Cinco: Conecta con tu capacidad creativa recordando o imaginando cómo era antes de que sufrieras los abusos. Había, y hay, algo mágico en ti que se superpone a la historia del abuso.

Paso Seis: Ten disposición a dar rienda suelta a tu brillantez. Arriésgate a dar el salto a nuevas áreas, proyectos y formas de ser.

Paso Siete: Sé tú: real, crudo, sin cortes, sin censura. Aquí vives más allá de tu historia, más allá de tu pasado, más allá de tu realidad.

EJERCICIO DEL DIARIO PERSONAL: ¿DE QUÉ SOY CONSCIENTE?

Explora las siguientes preguntas:

¿Qué consciencia tengo ya que no estoy reconociendo que cambiaría mi realidad en este momento?

¿De qué soy consciente antes del abuso? ¿Cómo era yo?

¿Qué me gustaría crear ahora?

¿Qué puedo elegir ahora que me lleve más allá de la vieja historia de abuso y me inspire a una posibilidad diferente?

En resumen, hemos explorado herramientas de cambio para ayudarte a construir una mayor consciencia de tu verdadero yo, un yo que nunca ha sido herido por las cosas que te han sucedido, pero que ha sido enterrado bajo tu historia de abuso. Este yo, el yo mágico, sólo espera que lo reconozcas. Esto pone el poder de elección en el momento presente y en tus manos. Ahora estás eligiendo estar radicalmente vivo.

Capítulo Once

Actualizar Tu Sistema Operativo Subconsciente

¿Te has dado cuenta de lo que ocurre cuando no actualizas el sistema operativo de tu computadora? Los archivos viejos, obsoletos y corruptos pueden obstaculizar seriamente su rendimiento. Lo mismo ocurre con tu mente subconsciente.

Hay muchos sistemas de respuesta condicionados basados en creencias que se alojan y se bloquean en nuestro cuerpo cuando hemos experimentado abusos o traumas, de modo que, de repente, cada situación puede convertirse en un desencadenante y una reacción en lugar de una respuesta y una elección. Cuando actualizas tu programación subconsciente, estás liberando el pasado para que puedas generar y crear en el presente.

Liberarse De Las Mentiras

Debes tener muy claro que son tu propia psicología, tu mentalidad y tus sistemas de creencias los que crean las mayores mentiras y los mayores retos para ti. Establecen reglas y comportamientos que no sólo te desconectan aún más de lo que eres y de la vida que libremente elegirías vivir, sino que también afectan a la forma en que tu realidad externa se muestra para ti.

Esto se convierte en una experiencia auto satisfactoria que te "demuestra" que nunca podrás vivir más allá del abuso, que nunca serás el ser fuerte, brillante y fenomenal que realmente eres.

La pregunta es:

➤ ¿Cuánto más abuso necesitas realmente crear y sufrir?

➤ ¿Cuándo va a ser suficiente?

➤ ¿Cuándo elegirás no seguir viviendo las mentiras que has aprendido a encarnar como tu realidad?

EJERCICIO DEL DIARIO PERSONAL: TOMAR CONSCIENCIA DE LAS MENTIRAS

Escribe ahora mismo 10 cosas que sabes que has creado en tu vida y que están basadas en mentiras. Míralas desde la perspectiva de tu cuerpo, tu perspectiva financiera, la perspectiva de tus relaciones, la perspectiva de tu carrera o trabajo, la forma en que te hablas a ti mismo, cómo interactúas contigo y con los demás.

Recuerda que este es un ejercicio de consciencia, no de auto-juicio.

Más Allá Del Juicio a Uno Mismo o a Los Demás

Cuando te juzgas a ti mismo, te encierras aún más en lo incorrecto de ti. Por alguna razón, hay un gran consuelo en saber lo equivocado que estás, lo malo que eres, lo horrible que eres, etc. Y esa es la *verdadera* epidemia, y un caldo de cultivo para más abusos. También te mantiene en un patrón, garantizando que nunca tendrás que ser más de lo que eres ahora.

EJERCICIO DEL DIARIO PERSONAL: MIRAR EN EL JUICIO

¿Cuántos juicios tienes sobre lo malo y lo incorrecto de ti?

¿Cuántos juicios tienes sobre ti mismo como "mercancía dañada" o como alguien que está roto?

¿Cuántos de estos juicios has convertido en tu posición de "retroceso", de manera que nunca te mueves más allá del abuso y siempre vuelves a la comodidad y seguridad de lo que conoces?

Observa dónde experimentas estas preguntas en tu cuerpo. Dondequiera que lo sientas, es donde estás sosteniendo el juicio.

Cuando juzgas a otra persona, en realidad te estás defendiendo, desconectando, negando y disociando de lo que no estás dispuesto a ver en ti mismo. Esto se debe a que los demás te reflejan lo que realmente estás juzgando dentro de ti. Esto te mantiene encerrado en una visión limitada de lo que realmente eres. Así que cada vez que señalas con el dedo lo que pasó anoche, o la semana pasada, o el mes pasado, o hace 20 años, en Realidad, te estás negando, disociando, desconectando y defendiendo de algo de lo que no quieres ser responsable por ti mismo. Por eso es tan difícil dejarlo pasar. También es la forma en que te quedas encerrado en la jaula.

Como el juicio consiste en quitarte valor y repudiar lo que no quieres y no puedes ver en ti mismo, infliges o proyectas el juicio sobre otro para aliviar la presión de ti mismo. Sin embargo, esta no es la única forma de aliviar esa presión. Por ejemplo, cuando trabajo con un cliente, le hago entregar energéticamente esta presión, estos juicios, a la Tierra. También puedes liberar tus juicios de forma gradual. Sin embargo, tengo la sensación de que, si has estado acostumbrado a toda una vida de juzgarte a ti mismo, siempre buscas crear cambios monumentales en tu vida porque crees que algo debe cambiar para que estés bien. Pero el éxito puede ser sólo un grado de cambio.

EJERCICIO ENERGÉTICO: LIBERAR TUS JUICIOS EN LA TIERRA

Los juicios te cierran y te desconectan de tu cuerpo, así que el primer paso para superar los juicios es reconectarse. Siéntate en un espacio tranquilo, cierra los ojos y respira profundamente varias veces. Respira por la boca para conectar tu mente y tu cuerpo. Expande tu energía hacia la tierra y a través de ella. Agarra cualquier cosa que sientas pesada o densa y lánzala a la tierra con una gran respiración. Esto es una ofrenda a la Tierra. Al ofrecer tus juicios a la tierra, libera tu cuerpo de la densidad y el peso que impide que la libertad, el espacio y la verdad sean tu realidad. La tierra es realmente el espacio donde el juicio no reside.

Todo lo que damos y aportamos a la tierra desde nuestro cuerpo es consumido por la tierra. Se convierte en combustible para la tierra y puede regenerarla. Puede ser tomado de nuestros cuerpos para que no tengamos que cargarlo más, y utilizado para el bien de la tierra.

Ofrece tus juicios a la tierra como una contribución. Esto incluye tus juicios de cualquiera de los siguientes:

> ➤ Tu madre, padre, hermana, hermano, abuelos, tíos o tías

> ➤ Tu cuerpo y cualquier parte del cuerpo en particular, la parte delantera de ti, la parte trasera de ti, cualquier cicatriz que tengas, o dolores y molestias crónicas

> ➤ Tus abusadores

Deja que se vayan todos. Ofrécelos todos a la tierra como un regalo y una contribución. Luego trae tu energía de vuelta a ti mismo, sin tus juicios, desde la tierra. Recibe de la tierra. Expande tu consciencia ahora y nota lo que sientes en tu cuerpo. ¿Estás más ligero o más pesado? ¿Tienes más espacio o menos espacio?

Puedes liberar tus juicios a la tierra una y otra vez hasta que sientas una sensación de paz y posibilidad.

Generar Desde El Pasado

Cuando todavía te aferras a la toxicidad de tu pasado, básicamente vives tu vida como la versión infantil o joven de ti que fue abusada. Cuando has sufrido abusos, algunas de las respuestas e interacciones humanas más típicamente positivas pueden sentirse distantes, como si no te pertenecieran o no pudieras alcanzarlas. La amabilidad puede resultar extraña. La gratitud y la generosidad son incómodas y agobiantes. El amor puede parecer peligroso.

Toda la diversión y el juego pueden haberse drenado de ti con el shock y el trauma de lo ocurrido y haber sido sustituidos por la hipervigilancia, el control, la rigidez y el dominio. Todo se convierte en una obligación y, con ello, limitas tu capacidad de progresar en la vida.

> ➤ ¿Cómo se supera el abuso?

> ➤ ¿Cómo actualizas tu subconsciente y sustituyes las viejas creencias basadas en el abuso por otras nuevas que te reconectan con estados emocionales más positivos?

> ➤ ¿Cómo redescubres la gratitud por ti, la bondad de ti y el amor por ti, una vez más?

Cuando intentas abrazar aspectos positivos de ti mismo, como el amor o el juego, la generosidad de espíritu o la gratitud, puede haber ciertas situaciones en las que pienses: "No sé cómo hacerlo". Es muy parecido a cuando tu computadora te muestra el mensaje "archivo no encontrado". Después de todo, si has vivido durante las dos últimas décadas o más desde un lugar de hipervigilancia, control y rigidez, ¿cómo sabes cuál es el siguiente paso?

Actualizar Tus Creencias

Si tu computadora estuviera llena de polvo, probablemente la limpiarías con un aerosol. Pero cuando se trata de nuestro mundo interno, la mayoría de nosotros mantenemos esas bolas de polvo exactamente donde están. Lo llamamos familiaridad o zona de confort. Excepto que la mayoría de las veces nuestra zona de confort es bastante incómoda. Mientras tanto, te encuentras bloqueando y desinvitando todo lo bueno de tu vida. Puedes decir que eres feliz, pero es una falsa sensación de felicidad: existe en la superficie y no en lo más profundo de tu ser. Al mismo tiempo, tomas pastillas para la depresión, o haces otras cosas que te hacen desconectar, o evitas lo que realmente sientes.

Para vivir la vida de la elección consciente, la vieja programación arraigada en el abuso tiene que ser limpiada, despejada y reemplazada, de lo contrario, sólo sigues en un ciclo de ida y vuelta, golpeando la misma tapa, o el techo de cristal, mientras luchas contra ella. Pero no se supera el abuso en una batalla.

Se supera el abuso aprendiendo a elegir de forma diferente: de vivir tu vida sin armonía y sin unidad contigo mismo, a una vida de integridad impecable.

Paso Uno: Tomar Consciencia

Al igual que con una serie de conceptos que te he presentado en este libro, el primer paso es la toma de consciencia. Cuando le pregunto a la gente si sabe cómo redescubrir la gratitud, la bondad y el amor por sí misma, algunas personas responden que nunca lo tuvieron. Sin embargo, incluso si el abuso comenzó dos días después de que nacieras, tuviste al menos un día en el que no fuiste abusado. Por lo tanto, hubo un momento en el que tuviste una experiencia de gratitud, bondad y amor. Puede que hayas tenido más experiencia de hipervigilancia, dominación y abuso, pero hubo un momento, en algún lugar, en el que existías más allá del abuso.

Paso Dos: Reconocer La Desconfianza

El segundo paso es reconocer cuánto desconfías de los demás. El escepticismo y el juicio mantienen la jaula en su sitio. Es como otra versión de la jaula del abuso. La desconfianza, el escepticismo, el juicio, la hipervigilancia, la dominación, el control, la rigidez forman otras paredes de tu jaula, que te mantienen encerrado y limitado.

Paso Tres: Baja Tus Barreras

Para reemplazar la programación subconsciente que mantiene la jaula en su lugar, tendrás que bajar tus barreras. Se necesita una profunda determinación a la que a veces me refiero como "tenacidad de consciencia" para decir "no" a la forma en que tu abuso se mantiene en tu mente y se almacena en tu cuerpo. Tienes que empezar a dejar de lado esas decisiones, juicios y conclusiones que tomaste con un día de edad, o con tres años, o con ocho, o con la edad que tuvieras cuando empezó el abuso. Recuerda que fueron creadas para ayudarte en ese entonces, pero son parte de una programación obsoleta. Ya no te ayudan.

EJERCICIO DEL DIARIO PERSONAL: TOMAR CONSCIENCIA

Anota las situaciones, las experiencias, los momentos, los lugares, las personas y las dinámicas de tu vida en las que deseas abrazar la bondad, el amor y el juego, pero cuanto más lo deseas, más luchas y presionas contra los barrotes de la jaula.

¿QUÉ AMAS DE LA JAULA?

Parte de la superación de la jaula es admitir que hay una parte de ti que "ama" la familiaridad y la comodidad de ella. Digo esto, por supuesto, sin juzgar. Como seres humanos seguimos haciendo lo que nos gusta. ¿Qué es lo que amas de la lucha?

> ➤ ¿Se siente más seguro?

> ➤ ¿Te da miedo ser vulnerable?

> ➤ ¿Te preocupa que hacer cambios perjudique a los demás?

> ➤ ¿Eres capaz de tolerar la incertidumbre cuando piensas en el futuro?

Estos son los tipos de ideas o creencias que se interponen en el camino del movimiento hacia adelante, de tomar riesgos y hacer cosas diferentes. El problema es que la misma dinámica una y otra vez te lleva a juzgarte a ti mismo. Esto a su vez te lleva a separarte de los demás, lo que a su vez crea una desconexión con los demás.

Mientras haya un beneficio en mantener esos viejos archivos y no vaciar tu papelera, estás garantizando que siempre serás una víctima de tu pasado y estarás encerrado en la jaula. Continuarás con los comportamientos que te han llevado a donde estás hoy. Nunca te permitirás ir más allá de un estado limitado de la realidad. Esto te mantiene literalmente casado con tu realidad abusiva.

Así que, si no estás actualizando tu sistema operativo subconsciente, eres como una congoja esperando a ocurrir. Estás creando una vida desastrosa, o estás desinvitando el dinero, o estás terminando otra relación.

TUS SISTEMAS DE CREENCIAS

Tus sistemas de creencias sobre cómo tienes que responder al mundo se basan en lo que has aprendido. Se forman desde la perspectiva del trauma.

- ➤ Si consigo atención, seré abusado.

- ➤ Si soy visto, seré abusado.

- ➤ Si miro a alguien, seré abusado.

- ➤ Si veo a alguien, seré abusado.

- ➤ Si salgo, seré abusado.

- ➤ Si hago algo que tenga valor, seré abusado.

- ➤ Si hablo, seré abusado. Si digo algo, seré abusado.

- ➤ Si hago algo que sea diferente, seré abusado.

Cuando creencias obsoletas como estas siguen dirigiendo tu vida, sigues comportándote como si lo que decidiste cuando fuiste abusado fuera cierto. Todavía estás operando a través de los filtros de tu yo más joven, y respondiendo desde la programación mental que fue creada hace mucho tiempo.

TUS FRECUENCIAS VIBRATORIAS

Esencialmente, tus creencias inconscientes actuales atraen más abuso debido a la frecuencia de resonancia del abuso, tu vibración general, y terminas resonando con otros en esa misma frecuencia. Eso no significa que haya algo malo en ti o que tengas algún defecto porque sigue ocurriendo. Aquí es donde la gente oye hablar de la Ley de Atracción y se confunde pensando que está creando el abuso. En realidad, yo no lo estaba "creando", pero estaba atrapada en su frecuencia. Las paredes de la jaula que mantenía como mi realidad, y la información almacenada en mi sistema operativo subconsciente, significaban que otras personas de una frecuencia similar podían coincidir conmigo.

Así que si alguna de esas cosas que he dicho resuenan contigo, son tus creencias las que te mantienen en conflicto con vivir radicalmente vivo o incluso con estar presente en este momento. Mientras estés operando desde el pasado y las creencias formadas a partir de él, siempre estarás en la frecuencia resonante del abuso.

LLENA TU MENTE CON LO QUE QUIERES

Cambiar las creencias significa "fuera lo viejo, dentro lo nuevo". Se necesitará algo de exploración y trabajo para saber realmente qué calidad de vida te gustaría tener. La forma de hacerlo es encontrar el espacio o lugar de tu vida donde eres más feliz.

> ➤ ¿Dónde te sientes más a gusto en tu cuerpo?

> ➤ ¿Cuándo te has sentido seguro y protegido, y al mismo tiempo, vivo?

Descubre cuáles son esas situaciones y empieza a anclarlas en tu cuerpo como nuevas experiencias. Esto te permitirá empezar a construir una nueva base para tu vida desde dentro a partir de un nuevo conjunto de opciones disponibles para ti. También puedes empezar a decidir activamente las cualidades que valoras como la bondad, la generosidad, la gratitud y el amor. Tienes que elegir activamente más experiencias gozosas que traigan ligereza y expansión a tu cuerpo, incluso si se sienten extrañas al principio.

Para cambiar tus sistemas de creencias, primero tienes que elegirte a ti. Tienes que elegir lo que está más allá de lo que se te ha impuesto. Tienes que elegir con una tenacidad de consciencia, una vivacidad radical y una presencia agresiva. Tienes que elegir decir "no" a lo que no quieres y "sí" a lo que sí quieres.

Este es el punto que la mayoría de la gente pasa por alto. "Prueban" las nuevas cualidades de alegría y expansión y no se sienten a gusto porque no están acostumbrados a resonar en esas frecuencias. Así que dicen: "Eso no es para mí", y entonces vuelven a las viejas formas familiares. Si haces eso, te estás rindiendo al abuso. Si haces eso, estás diciendo que *no* eres amable, ni generoso, ni agradecido. Si haces eso, estás diciendo que *no* eres amor. Y eso es una absoluta mentira.

Ya eres bondadoso, generoso, agradecido y amoroso.

La mayoría de los que hemos sufrido abusos somos los seres más bondadosos, gentiles, vulnerables, sabios, inteligentes y hermosos que he conocido en este planeta. Puedes elegir tocar este espacio verdadero de ti en lugar de la realidad que te han impuesto. Aunque al principio sólo parezca el dedo meñique, encuentra alguna parte de tu cuerpo que sepa que es el reflejo de la bondad, la generosidad, la gratitud y el amor, alguna parte de tu cuerpo que sepa que cuando estás en la naturaleza, en la Tierra, en el aire, con el universo, sólo reside la bondad, la generosidad, la paz y la calma. Si puedes hacer eso, empezarás a cambiar tu vida.

Puede parecer ridículo que para algunas personas sólo valga un meñique, pero incluso eso puede ser un cambio enorme. A veces, ese meñique es el único lugar en el que un médico o una enfermera tocó a alguien cuando nació y es el único toque amoroso que ha tenido. Sé que estoy utilizando un ejemplo extremo, pero a menudo trabajo con personas que dicen que nunca han experimentado un toque amoroso en su vida. Y aunque esto puede ser predominantemente cierto, también queremos ser capaces de aprovechar las cantidades más pequeñas de amor, alegría y gratitud que hemos conocido, y empezar a expandirlas para que se conviertan en nuestra realidad, en lugar de que sean la excepción, como pueden haber sido anteriormente. Tienes que encontrar el lugar donde estas cualidades existen como un espacio de autenticidad en tu cuerpo y capitalizarlo.

EJERCICIO ENERGÉTICO: EXPANDIR LA ENERGÍA Y LA CONSCIENCIA EN TU CUERPO

Una vez que descubres el espacio en tu cuerpo que sabe quién eres realmente, lo que haces es dejar que esa parte sonría. Incluso si fue sólo un segundo de una caricia amorosa cuando eras un bebé, deja que eso se expanda hacia el siguiente dedo y se expanda hacia el siguiente dedo, y el siguiente dedo, y el pulgar, y luego la mano, y luego permite que suba por el brazo.

Aunque no recuerdes haber conocido una caricia amorosa de otra persona, recurre a tus propios recursos. Comienza a pensar en todos los momentos de la vida en los que te sentiste feliz y libre, y sintoniza con tu bondad, tu generosidad de espíritu, tu gratitud y el amor innatos que realmente eres más allá de lo que experimentaste. Expándelo, hasta que sea cada vez más grande. Entonces ya no es sólo el meñique de tu cuerpo, ahora es tres cuartas partes de tu cuerpo. Y luego, con el tiempo, se convertirá en todo tu cuerpo.

Con la práctica, mucha práctica, encontrarás que tienes un nuevo sistema operativo basado en las virtudes de lo que realmente eres molecularmente.

En resumen, hemos explorado cómo tus sistemas de creencias han estado dirigiendo el programa. Para cambiar lo que hay en tu sistema operativo subconsciente, tienes que hacer un esfuerzo consciente para darte cuenta de los viejos programas que te dirigen y eliminar las creencias obsoletas que ya no te sirven a ti o a la vida que deseas. Entonces tienes la opción de decidir activamente qué creencias prefieres que te apoyen para ser todo lo que eres y eliges expresar, y empezar a inculcar estas nuevas cualidades y experiencias, sin importar lo poco familiar que parezca al principio. A partir de este punto, estás preparado para abrazar vivir radicalmente vivo.

Capítulo Doce

Vivir Radicalmente Vivo

No soy una víctima ni una sobreviviente y, en verdad, ni siquiera soy una persona que prospera. Elijo vivir radical y orgásmicamente viva, con una presencia agresiva conocida dentro y desde mí. Soy el catalizador que genera y crea mi realidad desde lo que me nutre y divierte. No permitiré nunca más que nadie elija por mí y eso es una elección en sí misma, no unirme a la etiqueta de esta realidad de víctima, sobreviviente o prosperante.

En un sentido muy real, hasta ahora, has estado viviendo en un estado de muerte como resultado del abuso. Ahora, sin embargo, es el momento de cambiar a algo completamente diferente, vivir radicalmente vivo, y con las ideas presentadas aquí, es una posibilidad real.

Vivir una vida radicalmente viva no significa que no tendrás ira, tristeza o cualquiera de los otros sentimientos que experimentamos por el abuso. Significa que te sentirás cómodo expresando las emociones que tienes. Tendrás acceso a una mayor expresión de todas tus partes.

Imagina tener toda tu vitalidad que está encerrada en la rabia y la tristeza no expresadas, toda la magia que está apagada por la vergüenza, toda la sabiduría de tu cuerpo que se mata por el miedo; imagina que todo está disponible para ti. Al vivir radicalmente vivo ya no tienes que intentar controlar tu mundo para sentirte seguro, o simplemente pasar por el aro en tu relación contigo mismo, tu cuerpo, tu pareja, tu trabajo y tu cuenta bancaria.

Así que la primera pregunta es: ¿estás dispuesto a ser tú?

¿Estás Dispuesto a Ser Tú?

Conócete a ti mismo.

Antiguo aforismo griego inscrito en el Templo de Delfos

Ser tú significa conocer la verdad sobre ti más allá de tus roles, obligaciones, género, educación, licencias o certificaciones, trabajo o quién eres en tus relaciones. Significa elegir ser, hacer, tener, generar y crear todo fuera de lo que otros te han enseñado o definido para ti. Este conocimiento profundo de ti mismo - tu verdadero yo - te liberará de la muerte del abuso, te despertará a las sensaciones placenteras de vivir en tu cuerpo, y te ayudará a comunicarte con tu cuerpo para acceder a su sabiduría inherente.

¿Estás listo para recibir los regalos que el universo tiene para ti y elegir el placer y las posibilidades de tu vida otra vez?

¿Qué Me Niego a Ser?

Una de las formas que he utilizado para despertarme de la niebla del condicionamiento es preguntar:

➤ ¿Qué me niego a ser?

➤ ¿Qué me niego a ser que, si lo fuera, haría que ser yo fuera más fácil de inmediato?

No sé exactamente cómo se me ocurrió, pero sí recuerdo que me desperté con la toma de consciencia de que estaba eligiendo vivir la realidad de otra persona. Comprendí que esto se basaba en todos los puntos de referencia que había creado en esta vida, lo que me daba una falsa sensación de seguridad. Mi realidad se basaba en todos los puntos de referencia de mi familia, mi crianza, de dónde venía, cuáles eran mis experiencias, etc. Y me di cuenta de que eso me hacía infeliz. Inconscientemente, intentaba destruirme aún más. La pregunta: "¿Quién me niego a ser ahora mismo?" puede ayudarte a salir de este ciclo.

Incluso en mi vida actual, cuando noto que no me siento tan viva como antes, me pregunto: "Bien, ¿quién o qué me niego a ser ahora mismo?". Podría entrar en lo erróneo de mí y en lo mala que soy, que es para lo que nos han programado, pero la realidad es que, si te haces una pregunta como ésta, puedes salir del juicio y entrar en la elección.

EJERCICIO DEL DIARIO PERSONAL: ¿QUÉ TE NIEGAS A SER?

Hacerte una pregunta evitará que vuelvas a caer en tu viejo condicionamiento que crea más ansiedad, sueño inquieto, distancia y separación. Una pregunta te ayudará a crear más conexión y comunión.

¿Te niegas a ser la belleza de ti?

¿Te niegas a ser el orador que podrías ser?

¿Te niegas a ser el escritor que realmente eres?

¿Te niegas a ser el corredor de maratón que sabes que eres?

¿Te niegas a ser el profesor que estás llamado a ser?

¿Te niegas a ser lo que crees que es verdadero para ti y lo que estás aquí para ser?

¿Cómo Puedo Elegirlo?

Una vez que te has preguntado qué te niegas a ser, el siguiente paso es preguntarte:

> ➤ ¿Cómo puedo elegirlo?

> ➤ ¿Qué puedo hacer para elegir ser eso ahora mismo?

Pero aún va más allá. ¿Qué pasaría si ya no me permitiera ocultar mi propio poder?

¿Qué pasaría si nunca te permitieras esconder tu propio poder?

Debes saber que tu poder no se encuentra fuera de ti, sino dentro de ti. En cada momento, cada uno de nosotros puede elegir dar un paso adelante y hacer lo que sea necesario. Elegimos lo que sabemos que es mejor en cada momento, e incluso si no sabemos o creemos que no sabemos, elegimos de todos modos basándonos en lo que expande la posibilidad. Cuando te das la libertad de elegir en cada momento, pasas de la muerte a la vivacidad radical.

VIVIR MÁS ALLÁ DE LA HISTORIA

Lo que he notado en mi propio viaje es que ahora estoy tan lejos de mi historia que ya no la filtro a través de la percepción del juicio. Hay una felicidad y libertad que viene con el moverse más allá del juicio. El juicio siempre ha estado ahí. Siempre había estado conmigo. Estaba tan acostumbrada a él que lo llevaba sin darme cuenta.

Vivir más allá de los juicios nos trae una profunda sensación de estar bien con lo que somos. A medida que hacemos este trabajo, te llegará un sentido más profundo de comprensión sobre tu experiencia de abuso.

Es una sensación de que: "No me ha atrapado. No pudo tomar mi alma. No pudo quedarse con toda mi persona. Sigo siendo quien soy y quien era, sólo que soy mejor".

Sí, el abuso ocurrió. Puede haber incluido las manos de otra persona sobre ti. Pero nunca fuiste realmente tú, de todos modos. Eran ellos imponiendo su realidad sobre ti. ¿Quién puede decir que sólo porque haya ocurrido un trauma tienes que convertirte en algo diferente de lo que eras? Así que, en lugar de ceder tu poder a un acontecimiento o a un abusador (algo que nunca tuvo nada que ver contigo en primer lugar) ¿por qué no volver a ser quien eres y quien siempre has sido y dar rienda suelta a eso?

El hecho de que la realidad lo llame trauma, abuso o TEPT (trastorno de estrés postraumático) y que haya ciertas cosas que se supone que debes experimentar debido a ello, no significa que tengas que hacerlo. Puedes elegir escuchar de forma diferente, percibir, saber, ser y recibir algo diferente aquí. Esto está en el corazón de vivir radicalmente vivo.

El Perdón

En el viejo paradigma de la sanación del abuso, aprendemos que tenemos que perdonar para sanar. Sin embargo, el perdón no es para nadie más que para ti. Perdonar, en su sentido más básico, significa dejar ir. Es una forma de decir: "Soy libre y tú también eres libre".

El perdón es para ti si decides seguir adelante.

Parte de mi viaje ha consistido en dar las gracias a todos mis perpetradores, tanto hombres como mujeres, por dejarme tan clara la fenomenal contribución que puedo hacer a este planeta y la diferencia que puedo marcar. Hay una bondad, una inteligencia, un cuidado y una sensibilidad en mí que está dentro de todos nosotros. Si no hubiera estado dispuesta a pasar por lo que pasé, a elegir eso, tal vez no hubiera tenido las palabras y la experiencia para hacer mi programa de radio, o este libro, o facilitar a miles de personas que tengo. Hoy considero mi vida como una posibilidad de crecimiento postraumático.

No estoy diciendo que necesitemos lecciones como el abuso. Estoy diciendo que podemos elegir algo diferente que es el placer, la posibilidad, la generación, la creación, el marcar la diferencia, la difusión de la consciencia, el empoderamiento, la brillantez, y realmente llegar al interior de nuestra propia jaula para hacer brillar una luz que diga: "No más mentiras. ¡No más abuso!". Y podemos ayudar a otros a hacer lo mismo.

A menudo les digo a los clientes: "Nunca es demasiado tarde para cambiar tu infancia y nunca es demasiado tarde para cambiar. Y nunca se sabe lo que puede pasar con las personas que abusaron de ti en tu vida". En mi propio caso, he tenido un cambio profundo con mi madre. Ambas hemos crecido y cambiado, lo que nos ha permitido desarrollar una relación maravillosa y amorosa. Es un regalo que nunca hubiera podido imaginar. Ahora, a los 50 años, tengo la experiencia de lo que se siente al tener una madre y lo que es el amor incondicional. Es realmente lo que siempre he querido de ella y ahora es así. El pasado ha cerrado el círculo y está resuelto. Lo único que importa es que amo a mi madre y mi madre me ama a mí. Soy libre. Y ella también lo es.

Es difícil escribir un libro como este. La verdad no siempre es bonita. Pero sanamos, crecemos y cambiamos cuando hacemos este trabajo y, a menudo, los que han abusado de nosotros también lo hacen. Esta es la gracia de vivir radical y orgásmicamente vivos. ¿Estás preparado para esto? ¿Estás preparado para una mayor vivacidad?

¡Universo, muéstranos los milagros y permite que todos seamos libres!
¡Y así es!

EJERCICIO DE ENERGÍA: EXPANDIRSE HACIA LO RADICALMENTE VIVO

Cierra los ojos y coloca las manos sobre el timo y el hueso púbico. Respira por la boca 3 veces y di: "¡HOLA, CUERPO! ¡HOLA, CUERPO! ¡HOLA, CUERPO! ¡HOLA, YO! ¡HOLA, YO! ¡HOLA, YO! ¡HOLA, TIERRA! ¡HOLA, TIERRA! ¡HOLA, TIERRA!" Expande tu energía hasta tocar las cuatro esquinas de la habitación en la que estás y respira. Exhala todo lo que puedas hacia arriba, hacia abajo, hacia la derecha, hacia la izquierda, hacia delante y hacia atrás. Inspira por delante de ti, inspira por detrás de ti, inspira por la derecha de ti, e inspira por la izquierda de ti. Inspira hacia arriba desde los pies y baja desde la cabeza. Repite todos los "hola" anteriores. Di en voz alta: "HE CAMBIADO Y SÉ QUE HE CAMBIADO, Y SÉ QUE HE CAMBIADO PORQUE _____ (rellena el espacio en blanco)". Repite esto 3 veces. Abre los ojos.

Observa cómo te sientes o cualquier cambio en tu energía.

Liberar El Abuso Del Mundo De Tu Cuerpo

Aquellos de nosotros que hemos experimentado el abuso a menudo somos sensibles a la experiencia de abuso de todo el mundo porque sabemos cómo se siente, huele y sabe. Puede parecer que nuestros cuerpos están programados de forma hipervigilante para ello. Es como una antena para oler, saborear y saber dónde está el abuso. Aunque no seamos conscientes de ello cognitiva, consciente o visualmente, nuestra memoria celular sí lo es.

Pregúntate

¿Me pertenece la pesadez que he experimentado al percibir el abuso de otros? Y, ¿me sirve seguir sintonizando con ella y experimentándola a

través de mis sentidos?

Ahora tienes una opción. Tienes la opción de escuchar los susurros de todas las voces, de todo el abuso por toda la eternidad que nos está llamando a todos hacia adelante. Y lo que es más importante, tal vez tengas la opción de escuchar esos susurros y decir: "No más. Es hora de ir más allá de cómo he permitido que el abuso gobierne mi vida". No más abuso comienza contigo y con tu elección aquí y ahora.

Así que me pregunto... ¿qué vas a elegir?

Yo digo:

1, 2, 3, 4 ROAR

¡No Más Abuso!